北京文博

文 丛
二〇二〇年第四辑

北京市文物局　编

北京燕山出版社
BEIJING YANSHAN PRESS

图书在版编目（CIP）数据

北京文博文丛. 2020. 第4辑 / 祁庆国主编. -- 北

京 : 北京燕山出版社, 2020.12

　　ISBN 978-7-5402-5870-2

　　Ⅰ. ①北… Ⅱ. ①祁… Ⅲ. ①文物工作 – 北京 – 丛刊

②博物馆 – 工作 – 北京 – 丛刊 Ⅳ. ①G269.271-55

中国版本图书馆CIP数据核字(2020)第268605号

北京文博文丛·2020·第四辑

出版发行：北京燕山出版社有限公司

社　　　址：北京市丰台区东铁匠营苇子坑138号C座　　100079

责任编辑：郭　悦　　任　臻

版式设计：肖　晓

印　　　刷：北京兰星球彩色印刷有限公司

开　　　本：787mm×1092mm　1/16

印　　　张：8

字　　　数：181千字

版　　　次：2020年12月第1版

印　　　次：2020年12月第1次印刷

ISBN 978-7-5402-5870-2

定　　　价：48.00元

北京文博

2020年第4辑（总102期）

北京史地

文物研究

考古研究

主办单位：北京市文物局

编辑出版：《北京文博》编辑部
　　　　　北京燕山出版社

网址：http://www.bjmuseumnet.org

邮箱：bjwb1995@126.com

目录 | Contents ||||||||||||||||||||||||||||||||||||||||||||||||||||||||||||||||||||||||||||||

博物馆研究

文物保护

文献资料

声明

《北京文博》编辑委员会

顾　问：吕济民

主　任：李伯谦

副主任：陈名杰　　舒小峰　　孔繁峙
　　　　王世仁　　齐　心　　马希桂
　　　　吴梦麟　　信立祥　　葛英会
　　　　靳枫毅　　郭小凌

编委会委员：（以姓氏笔画为序）

于　平　　王　丹　　王　岗　　王丹江
王玉伟　　王有泉　　王培伍　　王清林
卢迎红　　白　岩　　向德春　　刘索凯
刘超英　　关战修　　许　伟　　许立华
宋向光　　杨玉莲　　杨曙光　　李　晨
李建平　　肖元春　　何　沛　　范　军
哈　骏　　侯兆年　　侯　明　　郜志群
高小龙　　高凯军　　郭　豹　　韩　更
韩战明　　谭烈飞　　薛　俭

主　　编：祁庆国

执行主编：韩建识

编辑部主任：高智伟

本辑编辑：韩建识　　陈　倩
　　　　　高智伟　　康乃瑶　　侯海洋

Beijing Cultural Relics and Museums

No. 4, 2020

Organizer: Beijing Municipal Administration

Bureau of Cultural Heritage

Edited and Published by the Editorial Department

of Beijing Wen Bo, Beijing Yanshan Press

URL:http://www.bjmuseumnet.org

E-mail: bjwb1995@126.com

目录 | Contents ||||||||||||||||||||||||||||||||||||||||||||||||||||||||||||||||||||||||

门头沟地区明代军事体系及城堡遗存

王佳音

门头沟区位于北京西南部西山地带，东北接北京市昌平区，西北为河北省怀来县，西连河北省涞水县，南接北京市房山区，地处华北平原向蒙古高原过渡地带，域内崇山峻岭，大河穿流，西北高、东南低，"东望都邑，西走塞上而通大漠，浑河汤汤，襟带其左，盖腹心要害处也"[①]。域内自北朝时期便开始修筑长城，明代更为北京长城防御体系的重要一环。因山势险峻，门头沟区长城墙体修筑规模不大，而多倚重山险，长城城堡数量也比较稀少，显示出与其他地区不同的特征。

一、门头沟地区明代军事建制

明代，因地处蒙古的北元势力十分强大，在边关重压下，先后形成都司卫所和总兵镇守的双重防御体系，地处京师西门的门头沟地区，也在双重防御体系的管辖之下，并可清晰看到总兵镇守制对都司卫所制的取代。

明代早中期，门头沟大部地区属紫荆关千户所管辖，隶属于大宁都指挥使司。大宁都指挥使司，设于洪武二十年（1387），领大宁中、左、右三卫[②]；二十一年（1388），改为北平行都指挥使司[③]，并增设大宁前、后卫。永乐元年（1403），将北平行都指挥使司复改为大宁都指挥使司，移镇保定，下辖保定左、右、中、前、后五卫[④]。永乐二年（1404），于紫荆关地方设茂山卫百户一

员，领军守之。正统初年创建旧城。景泰二年（1451）复增城池，调保定右卫中千户所官军守御本关，即所谓紫荆关千户所。"景泰三年，添设真定、神武二卫官军，春秋两班轮流操守。成化十一年添设保定五卫、茂山、真定、神武、涿鹿等卫，并中所官舍余一千八百七十七员名，领班指挥千百户七员，岁于本关备冬"[⑤]。至此，紫荆关及下辖区域的主要军事防御均从属于都司卫所体系。然而，时隔不久，至弘治十六年（1503）时，总兵镇守制便逐步开始取代都司卫所制，体现在"将保定京操班军挈回原卫防守，紫荆等关添设守备一员。……正德三年，因其事权不重，改为分守参将。正德九年，又改为分守副总兵。……至嘉靖二十年，虏犯山西，抚按会题紫荆、倒马、故关各添设参将一员，议将保定分守副总兵改升镇守副总兵，统摄三关参将及大宁都司附近各卫所，俱听节制"[⑥]。嘉靖二十九年（1550），俺答率众大举入侵明朝，史称"庚戌之变"。此后边防整饬更达到了空前规模。嘉靖三十二年（1553），正式设总兵镇守紫荆、倒马、龙泉关及故关，是为真保镇。真保镇"东自紫荆关沿河口连昌镇镇边城界，西抵故关鹿路口接山西平定州界，延袤七百八十里"[⑦]。镇城设于保定，设总兵统领。其下分设四路，分别为：马水口路、紫荆关路、倒马关路和龙泉关路，其中马水口路东部所辖乌龙潭口及沿河口以下诸隘口（图一）便部分位于

现门头沟区。

门头沟区的明代边防始于洪武年间，设沿河口、石港口、小龙门口、天井关口、东鹿关口、天桥关口、天门关口、洪水口、西龙门口等以"限隔内外""警服胡虏""抚辑边氓"[8]。至正统十四年（1449）土木堡之变后，"监察御史郭仲曦等奏：天津关、斋堂乃要命处，可立一城，其天津关、洪水口、大龙门宜各筑堡子，以便官军栖止。小龙门段口等一十五口旧用碎小圆石垒砌，皆草率不坚，今可重筑"[9]。皇帝准奏后，景泰二年，率先于沿河口、石港口、东小龙门口、天津关口、东龙门口、天桥关口、梨园岭口、天门关口、洪水口、西小龙门口、夹耳安口等重筑防御工事，属沿河口管辖。此后，成化二十一年（1485），建乌龙潭口（今北京房山区内）；弘治年间，添建大峪口、圣水峪口、黄山店口（以上三口在今北京房山区）、王平口，均属乌龙潭口所辖。正德十年（1515），添建乾涧口、攒里口、支锅石口；嘉靖二十四年（1545）建滑车安口；嘉靖二十八年（1549）建毛葫芦安口，亦属沿河口所辖。各处隘口均修筑城墙、过门或水门，并斩削山崖形成山险与墙体相连，以扼守通往京城的各处道路。然而筑堡工程却迟迟未曾开展，

只修筑了天津关堡[10]。嘉靖二十九年蒙古内犯后，门头沟地区防御压力骤升，嘉靖四十三年（1564），又添建黑石崖口、泉水涧口，亦属乌龙潭口所辖[11]。隆庆二年（1568），戚继光任蓟镇总兵，主持边务，大力推行空心敌台，于是隆庆五年至万历二年（1571—1574）间，门头沟地区在原有基础上又于沿河口下辖隘口陆续修筑多处边墙与空心敌台25座，并于万历年间先后修筑沿河城与斋堂城。门头沟大部分区域防御设施基本形成。

除上述主要地区外，现门头沟区东北部与昌平区接壤处还分布有少量隶属于隆庆卫（居庸关）西路的隘口，亦初设于洪武年间，如方良口、常峪口，后又陆续增设白瀑口、常峪西口、北石羊口、南石羊口等，并建有正城、过门或马墙[13]。嘉靖三十年（1551）后，昌镇由蓟镇独立出来，下辖居庸关路、黄花路和横岭路，原有隘口仍归横岭路镇边城管辖（图二），现也保留部分长城遗迹，在研究时不应忽略。

二、门头沟城堡分类与现状

根据笔者对延庆地区明长城城堡的研究[15]，北京地区的城堡一般可分为中心城堡、前线军堡和军民屯堡三类，其地理位置、规模、布局、功能均有不同。然而，与北京其他地区不同，明代门头沟区因距离边境较远，在构筑防御体系时，并未大规模修筑边墙和城堡，而是多依赖山险，仅在隘口处筑城墙、挡马墙等，部分留有过门或水门，形成如王平口关

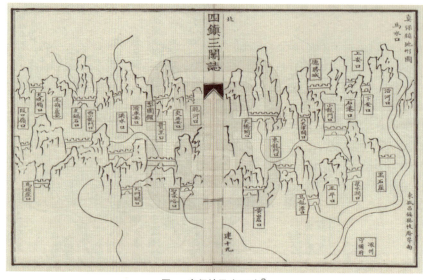

图一　真保镇马水口路[12]

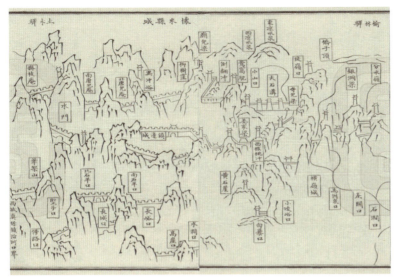

图二 昌镇横岭路④

城类遗迹。另外，因地势不利屯田，域内亦未出现修筑堡墙的军民屯堡，只形成了小规模的村落供军户居住。至明晚期空心敌台出现后，更是取代了前线军堡的功能，因此区内只发现沿河城、斋堂城和天津关三处明代城堡（图三），分属中心城堡与前线军堡两类，以下分别介绍。

（一）中心城堡

中心城堡是一个区域的军事或政治管理中心，地理位置一般处于交通便利的区域中心地带，如地势相对平坦的河流汇聚处等。城内分布公署、学校、寺庙等公共建筑，主要发挥地区军政管理功能。另外，由于人口的密集，也在一定程度上发挥居住和商业功能。门头沟区现存两处属于明长城防御体系的中心城堡，分别为斋堂镇的沿河城和斋堂城，两处城池均建于万历年间，属真保镇马水口路所辖，是扼守斋堂川的重要城池，也是本区军事管理中心及主要的商业和居住区。

1.沿河城

沿河城，位于门头沟区斋堂镇东北部沿河城村，四面环山，地处刘家峪沟、石羊沟、王龙沟汇入永定河之处，永定河从城北经过。城堡依山势而建，南高北低（图四）。向西1.8公里为沿河口，景泰二年建有正城一道，"调卫所官员把守，嘉靖三十二年添把总一员"⑯，"嘉靖三十三年设守备一员，领中军一员，把总一员，巡捕官一员，额兵一千二百一名"⑰。然而，因此地无城，"虏阑入塞，民闻警溃散去，保匿山谷间"。万历初年，御史中丞张卤建议修城，这样一旦敌兵入侵，可"凭坚城而守，据河上流为天堑……西扼虏、东护三辅诸郡国，燕台易水之间可高枕而无忧"⑱。因此万历六年（1578），在沿河口以东约4里一处名为三岔村的村落修建沿河城。城池既成，万历十九年立"沿河口修城记"石碑以记之。城内建沿河城守备府，天启四年（1624）立"沿

图三 门头沟区城堡分布图

河城守备府碑"[19]。因沿河城建成时代较晚，明代史志文献中对沿河城的规模、形制、内部布局很少有记载。清朝建立后，仍在沿河城设守备，至嘉庆朝改设都司[20]。清亡后，城池演化为村落，现为沿河城村使用，因地处偏远，仍保留不少明代的城墙和街道格局，但城内古建已所剩无几。

图四 沿河城俯瞰

沿河城平面呈不规则长方形（图五），周长约1240米。东、西、北三面城墙为直线，南墙建于山上，随山势起伏，呈弧形向外（图六）。城墙中心为夯土，内外侧墙基和墙身均为大块紫色火成岩毛石夹杂鹅卵石砌筑，白灰勾缝。北城墙顶层部分保留用小石块砌筑的垛墙。现有墙体已经修葺补筑，保存状况较好。

城堡有东西城门两座，西门面对来犯之敌方向，名为"永胜"；东门面向京城方向，名为"万安"。其中，永胜门城台下部为花岗岩条石砌筑，现可见条石四层，条石之上为城砖平砌，白灰勾缝。中部开券洞，青砖发券，高3.1米，宽2.74米，进深12.16米，券脸石砌。券洞内两侧各有小券洞一个，砖砌券脸，两券两伏形式，券洞高1.4米，宽1.4米，进深2.7米。城门西立面券脸之上嵌"永胜门"石额（图七）。城台顶部有砖砌拔檐，城楼已无存。相比永胜门，万安门损毁较为严重，仅存基础，现已在残基上重新修建，形制同永胜门。

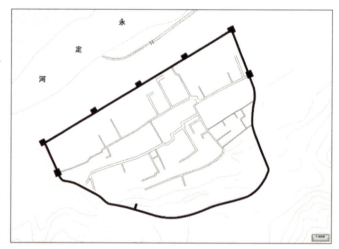

图五 沿河城平面示意图

图六 沿河城南墙

城墙四周建有转角墩台和马面多处，北墙东西两处转角墩台和中部三处马面均为后期重建，采用底部条石上部青砖平砌的样式，但未作出收分（图八），与原

貌不符。南墙现亦保存马面三座，但仅可见下部部分条石，条石之上均已坍塌，形制不详（图九）。此外，在南北墙上还各开水门券洞一处，其中南墙水门，因山洪

图七 沿河城西门

图八 沿河城北墙

图九 沿河城南墙马面

威胁村民安全，由民兵将其垒闭[21]，位置不详。北墙水门位于北墙偏东部，花岗岩条石发券，券洞高1.9米，宽1.6米，进深4.51米，经修复后，保存情况较好（图十）。

城中现有街道布局并不严整，主干为两条东西走向的前后街，长约500米，由青石长方形条石铺砌。此外，有多条南北走向的次巷道与其相连，多由长方形或不规则形石板砌筑，通向城内各处。

根据《北京门头沟村落文化志》[22]记载，沿河城城东街南原有守备府，城东北角设有营房、小校场，城西南角城墙上设有大板仓和望警台，北墙马面上建有真武庙、马王庙。此外，城内外还有火药楼、过营岗、大校场、演武厅、夏辕、火神庙、圣人庙、文昌庙、魁星阁、城隍庙、三官庙、老君堂、镇海侯、五道庙、关王祠、牛王庙、红龙庙、黑龙庙、黄龙庙、柏山寺等大量寺庙建筑。现仅存老君堂南侧的戏台（图十一）。笔者推测除守备府、营房、校场、真武庙等为明代设置，其余多为清代所建。

如今城内主要建筑多为新中国成立后所建民居（图十二），以一进或两进的三合院和四合院为主。主街沿街两侧原为高台阶的店铺门面，现大多已被填堵，失去原有功能[23]。城中散落较多石构件与木构件，应为明清遗存。

2. 斋堂城

斋堂城，位于门头沟区斋堂镇东斋堂村，背依北山，南侧有清水河经过，地处低山阶地。据说因城北灵岳寺，烟火极盛，香客中途在此地食宿，故名斋堂。因原存门头沟区清水镇上清水村双林寺的大辽统和十年（992）经幢上所刻人名题记中，有"斋堂村"的字样，故知该地在辽代已成村[24]。明景泰元年（1450）六月，"监察御史郭仲曦等奏：天津关、斋堂乃要会处，可立一城，天津关宜筑堡子，以便官

图十　沿河城北墙水门

图十一　老君堂戏台

图十二　沿河城民居

军栖止。"[25]代宗朱祁钰准奏，但未付诸实施，仅于明景泰三年（1452）设斋堂仓[26]。天顺五年（1461）从守备紫荆关署都指挥佥事左能奏请，"革宛平县斋堂仓"[27]。正德十一年（1516）七月十三日，敌兵七万余骑入境，四散抢杀白羊口并西山斋堂等处，且在近边处住牧，明廷为此整饬边务[28]。嘉靖三十三年（1554），沿河口设守备后，曾移驻斋堂，后重驻沿河口[29]。关于斋堂城的筑城时间，一般认为建于万历二十五年（1597），以便与沿河城互为犄角，构成呼应互援之势[30]。然而此说并未发现文献佐证，来源不明。不过，根据现存斋堂东城门"廓清"石额上的"万历四十五年孟夏吉旦"字样，推测此说应有一定根据。清代，斋堂分为东西两部分[31]，乾隆年间仍有旧址[32]，至光绪年间，城址应已无存，因此《顺天府志》称："西斋堂有仓，旧有守御城。"[33]

因缺乏文献记载，且城墙早已无存，斋堂城的形制并不明确，因所在地形较为平坦，一般认为平面呈方形，长宽均约500米。据传，原有东、西、南三座城门，东门名"廓清"，西门名"辑宁"。清嘉庆六年（1801）清水河山洪泛滥，冲毁南城门、南部城墙和大量民房。抗日战争时期，西城门被日军拆除[34]，现仅存东门。

东城门为砖石结构，因地面抬升，基座仅显露两层条石，条石之上为城砖平砌，顶部有砖砌拔檐。南、北两侧拔檐处各有石质排水槽一个。券门完整，青砖发券，宽3.15米，进深12.4米，石质券脸。券脸之上有门额一方，居中书"廓清"二字，右侧小字为"万历四十五年孟夏吉旦"，左侧小字为"易州兵备道山西按察使解经邦立"。城台上建筑无存。城门洞

图十三　斋堂城东门

图十四　天仙庙山门

图十五　关帝庙戏台

现仍在使用（图十三）。

城内曾有前、中、后三条东西走向的主要街道㉟。现变化较大，斋堂大街由城堡中部、东城门南侧穿过，城堡北

侧和几条南北向的街道似乎还保留了原有的街道肌理。城内原有古建筑已消失殆尽，无从考证，少数见于记录的有西门内的文庙、东门内明天启三年（1623）创建的城隍庙，城外的天仙娘娘庙、虫王庙、关帝庙、龙王庙、五道庙、魁星庙等㊱，现仅存天仙娘娘庙（图十四）与关帝庙戏台（图十五）。其中，天仙娘娘庙位于斋堂城西北侧山坡上，原名应为"圣母观音禅林"，建于明正德年间，寺内曾有万历戊戌年（1598）残碑㊲，现仍保留三进院格局，但除山门外，均十分残破。关帝庙戏台位于东城门外，原正对关帝庙山门，坐南朝北，过梁曾有清道光十五年（1835）墨书题记，现已不见㊳。城内现有建筑以民居为主，多为新建，少量年代较久远的民居应不早于清。

通过上述介绍可知，门头沟区的中心城堡周长一般在1000—2000米之间，级别在镇城和路城之下。城堡平面以四边形为基础，局部随地势变化。城墙以毛石砌筑，城门、马面、角楼齐备。城内设守备府、寺庙等公共建筑，与北京其他地区的中心城堡特征相吻合。

（二）前线军堡

前线军堡是中心城堡管理下的末端防御堡垒，通常临近边墙或直接修筑于边墙之上，根据所设防御官级别、守兵数量的不同，也可分为不同级别。门头沟区前线军堡数量十分稀少，根据记载仅存天津关一处。天津关，在《明太祖实录》中写作"天井关"，"在良乡县北，西至大龙门凡十五关口，其间大者

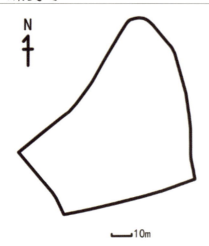

图十六 天津关堡平面示意图

图十七 天津关堡城墙残迹

图十八 东南侧山坡堡城遗迹

曰天津关"③⑨,自明初便是本区重要隘口之一。景泰二年,"左参将魏忠言:天津关去龙门口六十里,本口山高险峻而天津关路通境外,至为紧要"。因此,"徙守备小龙门口署都指挥佥事周晟守备天津关"④⓪,并建正城一道。此后,天津关又陆续添建"堡城一座,北过门二座……原额常守军二十四名"④①,但堡城建立时

图十九 西北侧山坡堡城遗迹

代并无明确记载。至天顺八年(1464),守备紫荆关都指挥佥事左能奏天津关等口"实要害而墩台城堡俱各卑薄……请量拨保定等卫所官军修葺以为边备,从之"④②。清代后,天津关及堡城废弃,因地处山野,无人使用,至今仍有遗迹。

据实地调查,堡城位于天津关隘口西侧山坡上的平坦处,平面呈不规则梯形(图十六),周长约200米,四周墙体虽有坍塌,但仍基本保留原有轮廓,堡墙内外侧为利用天然节理而成的灰黑色块石干垒砌筑,墙心土石混杂,厚度在1—2米之间,墙体上部结构俱无(图十七),军堡四周未发现城门,东墙现有豁口一处,可进入堡内。堡内现栽种树木,无地上建筑遗存。

除此处堡城外,在距离天津关隘口100米左右的两侧山坡上,还有两处规模很小的堡城遗迹,当地人称"马圈",周长均在50米左右,平面呈不规则形状,其中位于东南侧山坡的堡城残损较严重,墙体残存高度不足一米,多已散落成堆状(图十八)。相比之下,位于西北侧山坡的堡城遗迹应为近期修葺,保存较完整(图十九),墙体高约两米,西侧有豁口一处,可供出入。两处堡城的墙体都很薄,不足半米,由块石和毛石垒砌而成,并以泥土碎石黏合,块石材质与天津关堡相比颜色偏白,且尺寸更小,推测与天津关堡并非同时建成。堡内现栽种树木,地上遗迹均无。

因门头沟前线军堡数量十分稀少,

无法归纳地区特征，但现有军堡在规模、形态、材质方面与其他各区军堡遗存均比较吻合，这表现在周长不超过200米、平面呈现不规则形、筑城材料因地制宜、一般不具备城门等方面。此外，堡内建筑全部无存，未来仍有待考古发掘揭露更多细节。

本文为笔者参与的北京市文物局科研课题"北京地区明长城城堡调查研究"成果之一，感谢门头沟区文旅局及文物管理所同仁对本课题的帮助与支持，感谢北京市古代建筑研究所参与调查整理的全体同志。

①⑱《沿河口修城碑记》，载北京市门头沟区文化文物局：《门头沟文物志》，北京燕山出版社，2001年，第238页。

②［明］胡广纂修：《大明太祖高皇帝实录》卷一八五，中国台北"中央研究院"历史语言研究所，1962年，第2777页。

③［明］胡广纂修：《大明太祖高皇帝实录》卷一九二，中国台北"中央研究院"历史语言研究所，1962年，第2888页。

④［清］李培祜修：《保定府志》卷八，光绪十二年刻本。

⑤［明］王士翘：《西关志》，紫荆关卷之一，北京古籍出版社，1990年，第277、278页。

⑥［明］王士翘：《西关志》，紫荆关卷之四，北京古籍出版社，1990年，第317页。

⑦⑪［明］刘效祖：《四镇三关志》卷二，明万历四年刻本。

⑧［明］胡广纂修：《大明太祖高皇帝实录》卷一四八，中国台北"中央研究院"历史语言研究所，1962年，第2339页。

⑨㉕［明］孙继宗、陈文等撰修：《明英宗睿皇帝实录》卷一九三，中国台北"中央研究院"历史语言研究所，1962年，第4051页。

⑩［明］王士翘：《西关志》，紫荆关卷之一，北京古籍出版社，1990年，第283、285页。

⑫⑭［明］刘效祖：《四镇三关志》，图版，明万历四年刻本。

⑬［明］王士翘：《西关志》，居庸关卷之一，北京古籍出版社，1990年，第25页。

⑮王佳音：《延庆地区明代军事体系及城堡遗存（下）》，《中国文化遗产》2019年第2期。

⑯［明］刘效祖：《四镇三关志》卷八，明万历四年刻本。

⑰［明］刘效祖：《四镇三关志》卷三，明万历四年刻本。

⑲北京市门头沟区文化文物局：《门头沟文物志》，北京燕山出版社，2001年，第238页。

⑳［清］穆彰阿：《大清一统志》卷九，《四部丛刊续编》景旧钞本。

㉑北京门头沟村落文化志编委会：《北京门头沟村落文化志》第二册，北京燕山出版社，2008年，第734页。

㉒北京门头沟村落文化志编委会：《北京门头沟村落文化志》第二册，北京燕山出版社，2008年。

㉓薛林平：《北京传统村落（第一辑）》，中国建筑工业出版社，2015年。

㉔北京门头沟村落文化志编委会：《北京门头沟村落文化志》第二册，北京燕山出版社，2008年，第557、576页。

㉖［明］孙继宗、陈文等撰修：《明英宗睿皇帝实录》卷二一五，中国台北"中央研究院"历史语言研究所，1962年，第4626页。

㉗［明］孙继宗、陈文等撰修：《明英宗睿皇帝实录》卷三二八，中国台北"中央研究院"历史语言研究所，1962年，第6754页。

㉘［明］陈子龙：《明经世文编》卷一百九，明崇祯平露堂刻本。

㉙［明］温体仁等纂修：《大明熹宗哲皇帝实录》卷二六，中国台北"中央研究院"历史语言研究所，1962年，第1305页。

㉚㉟吴文涛：《北京山区各区县历史文化资源系列调研报告之五门头沟》，《北京历史文化研究》2007年第4期。

㉛［清］李开泰：《宛平县志》，清康熙刻本传抄本。

㉜［清］于敏中等编：《日下旧闻考》卷一百六，清文渊阁四库全书本。

㉝［清］周家楣编纂：《顺天府志》卷二十七，清光绪十五年重印本。

㉞㊳北京门头沟村落文化志编委会：《北京门头沟村落文化志》第二册，北京燕山出版社，2008年，第582页。

㊱北京门头沟村落文化志编委会：《北京门头沟村落文化志》第二册，北京燕山出版社，2008年，第579、585页。

㊲http://blog.sina.com.cn/s/blog_485b09aa0100ub5h.html.

㊴［明］茅元仪：《武备志》卷一百八十九，明天启刻本。

㊵［明］孙继宗、陈文等撰修：《明英宗睿皇帝实录》卷二〇四，中国台北"中央研究院"历史语言研究所，1962年，第4374页。

㊶［明］王士翘：《西关志》，紫荆关卷之一，北京古籍出版社，1990年，第289、293页。

㊷［明］孙继宗、陈文等撰修：《大明宪宗纯皇帝实录》卷七，中国台北"中央研究院"历史语言研究所，1962年，第175页。

（作者单位：北京市古代建筑研究所）

清代北京民间交易中白银
的成色与平码

——以馆藏房、地契约为例

王显国

清代，白银和铜钱并行，形成了"大数用银、小数用钱"的货币流通体系。其中，白银主要用于清政府收支、大额交易等，是主要流通货币。不过，清政府未对白银货币进行有效管理。光绪中期以前，政府未正式铸造银币，也未对市场流通中白银的重量和成色进行统一规定。白银主要以银锭、银块的形式称重使用，以两为单位，故称银两。白银的使用方式落后，实际流通中按成色（银的含量）并称重使用。白银的成色差别较大，官府和民间所用白银成色也有差异。《清朝文献通考》记载："官司所发例以纹银，至商民行使自十成至九成、八成、七成不等"[①]。各地习惯使用的成色及名称也不相同。如江南、浙江有丝元等银，湖广、江西有盐撒等银，山西有西槽及水丝等银[②]。白银的称重需要先确定重量标准（也称平码），不同平码"两"的重量标准不同。清代，全国所用平码的种类较多。据调查，清末时使用的平码就有170余种，如库平、关平、漕平等官平，及各地使用的公码平、钱平、司马平等市平[③]。在白银流通的过程中，各地形成了常用的成色与平码标准[④]，方便了本地区内的使用。

近年来，对清代白银货币的货币史、经济史方面研究较多。不过，有关地方性白银成色、平码种类及使用特点研究相对较少。如彭信威在《中国货币史》中对清代白银名称、平码及成色进行简要梳理，认为各地流通的白银平码和成色不一，造成了流通的不便[⑤]。谭彼岸介绍了清代白银常用的平码、成色[⑥]。公一兵利用福建省清代经济类契约对白银的成色、平码及分布情况进行分析，认为该地区白银成色和平码的使用有渐趋统一的特点[⑦]。李红梅通过分析京师、福建、安徽土地文书中货币的使用情况，以及各省钱局铸钱数量及人口等，探讨了货币使用的地域差异，其中分析了京城白银及铜钱的使用和变化情况[⑧]。戴建兵分析近代京津地区炉房及白银的使用情况，进而归纳出两地白银的特色等[⑨]。

北京是清代政治和经济中心，也是各省税银集聚之地，白银的流通量较大。二百余年间，北京地区形成了本地特色的白银使用习惯。本文梳理了首都博物馆藏清代房、地契约2079件，其中使用白银货币的契约1045件。以此为基础，结合相关文献和研究成果，对京城及附近州县白银货币的平码、成色种类与演变，及对货币制度的影响等问题进行初步的探讨。

一、白银成色及演变

白银成色对价值影响较大，民间交易前通常需确定白银成色。北京地区流通白银成色不一，如清末有"足银、纹银、九八银、九六银、九四银、松江银、净松江、带黣子、松江等"多种名色，可见该地区流通白银成色名目之多。

从北京地区房、地契约看，民间对白银的成色较为重视，较多契约注明交易所用白银的成色。在1045件以白银为货币的契约中，近五成注明成色。不同时期注明成色契约的比例也有差别，呈逐步上升的趋势。康熙朝（1662—1722），民间交易时开始注明白银成色，注明成色契约所占比例低至一成；乾隆朝（1736—1795），比例增至三分之一；光绪朝（1875—1908），该比例（含银元）超过六成；宣统时期（1909—1911），更是达到八成以上。本文统计的房地契中，出现了纹银、松江银、足银、九八色、九九色、净银等，尤以前三者为主。纹银、松江银、足银出现时间不同，先后在北京地区房地产交易中占有主导地位，形成了地方特色白银使用方式。

纹银在北京地区民间使用频率较高，出现时间也较早。所谓纹银，清代至民国时期通常指九三成色，经检测纹银成色为93.5374%[10]。纹银是政府规定的白银记账货币单位（虚银），财政收支基本采用纹银，对民间交易也有较大影响。从房、地契约看，康熙年间北京地区民间开始使用纹银，不过所占比例较小（约15%）；雍正至同治朝（1723—1874），纹银比例逐渐增加，成为民间交易主要银色标准，最高达六成以上；光宣时期（1875—1911），纹银的使用大幅减少。纹银的使用时间较长，几乎贯穿了整个清代，但主要流通于康熙至同治朝。

松江银也是北京地区常用银之一，简称松银。松江银成色较高。《清末北京志史料》记载："称高银子者，意为成分优良之银，据称纯银之含量为千分之九百八十以上。至于北京市场之所谓松江银，即此高银子之谓也"[11]。在实际交易时，"松江银在当地通用作为九七六成色，实则九七二"[12]。与纹银不同，松

（江）银是一种商用实银，并有少量银锭实物存世。该银锭面圆形，底部半球状，通常重四至五两，早期成色不一，清末"市场上使用最多者为五两以下之松花（江）银"[13]。从北京地区房、地契看，松江银最早出现于道光十五年（1835），不过仅有一例。同治时期（1862—1874），松江银比例开始增多，此后，成为清末主要流通成色，取代了纹银的地位。松江银不仅是北京地区主要流通银之一，甚至影响到周边地区如祁县、滦县等地。从松江银使用情况看，虽然该名称出现较晚，但使用比例呈快速上升趋势，清末占据北京地区流通白银的主流地位[14]。

足银出现最晚，清末流通时间也较短。足银是成色十足的白银，理论上应该是纯银，北京地区足银实际成色为992‰[15]。足银不仅是成色的一种，也出现了重量、形制一致的实银。如光绪三十二年（1906），京城银炉房经度支部批准成立公议局，铸造成色十足、"市秤十两五钱"银锭，并打上"公议十足"戳记，后出现"十足色"戳记银锭[16]。北京地区房、地契中，同治时期出现足银，不过使用比例较小；光绪末年至宣统时期，足银比例增至18%，部分取代松江银成为当时主要流通白银货币之一。足银成色较高，信用较好，广受市场欢迎。此外，北京地区流通的白银中还有九八色、九九色、净银等名色，所占比例较小。

此外，清代有些民间大额交易按约定俗成的银色进行，契约中也可不注明银色。《真正的中国佬》记载，白银的使用"有一条不成文的规定，即如果双方没有事先达成协议的话，某些种类的生意总是固定用某种成色标准的银子作为支付手段。比如在北京，房租可以用最轻的成色银支付，而欠商人或者店家的账可以用市场银或者'商业银'偿还；同时其他的账目往来又必须用更重一些的银价标准来平衡"[17]。这一现象较为普遍，北京地区房、地契中超过一半均未注明银色。

本文统计契约中，常用的白银成色主要有纹银、松江银、足银等，所占比例有所不同。其中，纹银比例最大，约占24.2%；松江银次之，约为19.2%；足银比例相对较小，仅有6.1%。三者在北京地区的使用情况及影响随时间发生变化。清初至咸丰时期，纹银比例较大，也出现九八色、九九色、净银等，但比例较小。同治至光绪时期，松江银取得优势地位，纹银、足银等比例较小。宣统时期，松江银、足银成为主体，同时银元也开始大量出现。我们看到，清代北京地区白银成色先后经历了纹银→松江银→松江银与足银为主流的三个阶段。

从纹银、松江银至足银，反映了北京地区民间交易中常用白银成色的变化趋势。首先，白银成色逐步提高。纹银成色较低，含银量约为93.5%；松江银达到97.2%；足银最高，理论上接近纯银。其次，虚银向实银转变。纹银仅是白银成色标准，并不是实银。流通中白银成色各异，交易需要按实际成色折算成纹银，使用较为烦琐。松江银、足银是实银，通常有固定的成色和重量，使用起来较为便捷。再次，银锭铸造规范化，方便了白银的流通。松江银、足银等银锭形制、重量、成色一致，且重量为五两、十两等，适合民间流通。同时，银炉房在银锭上錾有戳记，尤其是清末公议局审核后盖有戳记，具有了官方银锭的性质，提高了银锭的信用。总体上看，尽管白银是称量货币，但随着松江银、足银等银锭的出现，具有了部分铸币的特征，方便了民间的使用。

二、白银平码种类及使用

清代北京地区白银所用平码较多，尤其是城外周边地区较为复杂，平码间单位重量有差异。《清末北京志资料》记载："北京通常使用之衡器有官库平、库平、公砝平、市平、京平五种。官库平一两为

37.31克，比其他一两皆重，以下依次重量减少。如以称为公砝平之外国银行使用之衡器为基准试作比较，则官库平重千分之三十六，库平重千分之三十四，市平重千分之七十至千分之六十二间，京平重千分之二百六十至二百七十间"[18]。各种平码的"两"相差较大。因此，以白银为货币进行交易时需商定所用平码，或按习惯平码。

本文统计的1045件使用白银货币的房、地契中，除57件契约使用银元（标准重量的铸币，按枚流通）外，有344件注明所用平码，约占三分之一，多数契约未注明平码。北京地区民间所用平码种类较多，有京平、二两平、市平、通平、坝平、桥平、黄平、南市平、集平、银店平、密市平等。其中，前四种平码使用比例较大，以下简要讨论这四种平码的使用情况。

京平、二两平是北京地区民间常用的平码，所占比例最大，约为45.5%。二两平也称"二两京平"[19]，是京平的一种。二两平每百两比市平少二两，故名。京平（二两平）是重量较轻的一种平码，每两比库平少六分（即少6%）。库平每两约37.31克，以此计算京平（二两平）每两约35.07克。京平（二两平）初见于乾隆时期，沿用至宣统时期，是北京地区出现较早、使用时间较长的平码，多用于京城内茶、油、杂货等商业交易[20]。从房、地契看，该平码在民间大额交易中使用也较频繁。二两平在京城内广为使用，甚至对官方平码的使用产生影响。如道光二十三年（1843），定郡王载铨提出将本应按库平发放的兵饷"改用二两平，较库平每两少银六分，所差无几，而积少成多"，当即得到道光帝"降旨准行"[21]。咸丰三年（1853），户部发行户部官票票面"中书准二两平足色银若干两"[22]。光绪时期，"广储司银库进款系库平，放款均系京平。闲有市平者。所有平余，除抵作心红纸张养廉等项公用，余均尽数奏明

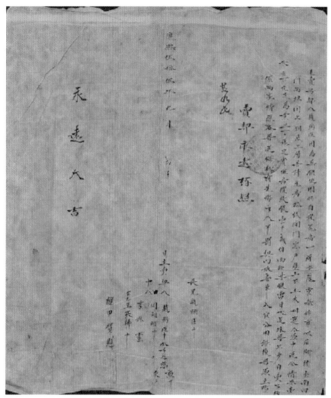

图一　首都博物馆藏康熙五十五年赵弼臣卖房契

归公"㉓，利用大秤（库平）收款、小秤（京平）放款的方式获得办公经费。

市平也是北京地区使用较多的平码，约为34.6%。市平略重于京平，每两约重35.8克，系经营布匹、绸缎、洋货等商人常用平码。在房地产交易中市平使用频率较大，出现时间也较早，至迟康熙年间就已开始使用。如康熙五十五年（1716）赵弼臣卖房契，将坐落于灵春坊房屋一所卖价"纹银一千二百两整"（图一）。此后，市平在房地产交易中使用逐渐增加。市平也是京城官方常用平码之一。如雍正九年（1731）户部奏称："八旗五城现有钱文，并所卖成色米之钱，定价每市平纹银一两，换大制钱九百五十文"㉔。市平与京平均为北京地区主要通用平码，不过二者在使用区域及所占比例上区别较大。相对而言，京平在京城使用较多，而市平在城外周边地区更为通行。

通平和坝平主要用于城外州县地区，二者之和约计一成。通平也称通

秤、通平秤，除极个别契约未注明地址外，其余使用通平的契约均属通州。从房、地契看，通平最早出现于道光二十六年（1846），同治时期开始增多，直至清末一直较为通行。通州使用通平的范围较广，除通州城外，还涵盖较多乡村如大甘棠村、白家坟、杨坨、邢各庄、西堡村、大庞村、草寺村、下店、武窑庄等。可见通平应该是清代通州地区民间形成和使用的平码之一，"通"应是通州的简称。不过，囿于资料不足，未能确定通平与其他平码的关系。坝平的使用也相对较多。坝平出现于同治时期，一直沿至清末，与通平较为接近。坝平的使用地域较广，有顺义县的天柱村、吴各庄等，通州的葛渠村、尹各庄等，另有赛里新庄未知属何地。另有一半以上的契约未注明房、地产具体坐落位置。可见坝平至少在通州、顺义县两地使用。使用坝平的契约多为白契，且撰写简单，估计多用于乡村。该平码的来源有待于更多资料。

此外，清末北京地区还使用桥平、顺平、黄平、密平、张湾平、集平等多种平码，但所占比例较小，多用于京城周边地区。其中，桥平出现于通州马驹桥、麦庄及大兴南苑等地，是否起源于通州马驹桥，有待于进一步考证。顺平、黄平、密平等所占比例更小，但反映了各地所用平码情况。如光绪十三年（1887）吕广德等卖房契，房屋"坐落顺义县吴各庄七圣庵前……言明卖价顺平松江银一百七十两"（图二），顺平可能是顺义县通用的平码。在大兴县黄村、密云县张家庄卖地契中，分别使用黄平、密平等平码，它们应是大兴县黄村、密云县等地所用的平码。还有少量契约使用张湾平、集平等，可能是不同区域使用的平码。

北京地区白银所用平码种类较多，各时期注明平码契约所占比例也有差别。顺治至乾隆时期（1644—1795），注明平码的比例较低，常用平码有京平（二两平）、市平等。这一现象说明清中期以前房地产交易中所用平码相对固定，不会引起歧义，因此也不需要在契约中特别注明。嘉庆至同治时期（1796—1874），注明平码的比例略有上升，在10.5%—23.5%之间；平码类别也增加，如京平（二两平）、市平、通平、坝平、公砝平等。光宣时期，除去银元是标准银币外，六成以上白银都标明平码，且平码种类也大幅增加，出现桥平、集平、顺平等新的平码。我们看到，北京地区房、地契中所用平码的比例、种类呈不断增多的趋势。多种平码同时使用，平码间重量有别，换算也较为烦琐，故民间交易注明平码的现象逐渐增加，以避免引起纠纷。

三、白银成色与平码的使用特点及变化趋势

白银是称量货币，成色与平码是其使用的两个要素。如《真正的中国佬》一书中记载："种种不同的度量衡通常都是约定俗成，其自身能够取得相互抵消和平衡的效果。因为与不同度量相对的必然是不同的价格……在中国，不管在做多大或者多小的交易买卖之前，首要的事情便是双方议定应该使用哪种成色标准的银子来支付和收取货款。"[25] 由于白银成色、平码影响商品的价格，因此民间交易需要按习惯进行，或提前明确白银的成色及所用的平码。

从清代使用白银货币的契约看，通常在白银数量前标注平码和成色，如京平纹银、市平纹银、京平松江银、京平足银等。有些契约中仅注明平码如京平银、市平银等，或成色如纹银、松江银等。不过，有些契约中平码和成色均未注明，仅简称银。本文统计的1045件白银货币的馆藏契约中，注明成色或平码的比例多达七成。其中，仅注明成色、平码的比例分别为60%、35%，二者同时注明的仅占28%。这一现象说明北京地区民间交易中更注重白银的成色。

前文已及，契约中注明白银成色和平码的比例均随时间推移逐渐增大。二者同时注明的比例也是如此。顺治至乾隆时期，同时注明白银平码和成色的契约较少，不足使用白银货币契约的5%。该时期银色和平码的使用组合主要有京平（二两平）纹银、市平纹银两种。嘉庆至咸丰年间（1796—1861），比例略升至10%左右，仍以京平（二两平）纹银、市平纹银为主。同治朝，注明成色和平码的比例变化不是很大（约14.1%），但出现较多新的成色和平码组合，如二两平（京平）松江银、市平松江银、京平足银、通平纹银、坝平纹银等。光绪至宣统时期，五成以上使用白银的契约中同时注明成色和平码；成色与平码的组合方式也更多，在原有基础上增加京平（二两平）足银、市平足银、桥平松江银、集平松江银、顺平松江银、通平松江银等。我们看到，北京地区房、地契中注明白银成色和平码的比例在光绪朝开始大幅上升；各时期常用的成色与平码组合种类也越来

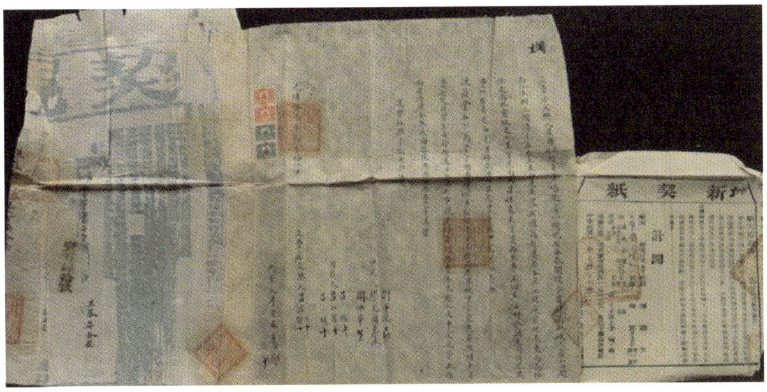

图二　首都博物馆藏光绪十三年吕广德等卖房契

越多样化，尤其是同治朝开始急剧增加。可见，清代白银的成色、平码的使用日趋复杂，为避免纠纷，民间交易多明确写明白银的成色和平码。

北京地区白银成色和平码的复杂性还表现在京城与附近州县之间的区域间差别。从成色方面看，京城在清中前期主要使用纹银，同光时期松江银比例较大，宣统朝足银成为流通主体。城外州县地区纹银比例较大，一直沿用至清末；光宣时期，松江银取得优势地位，但纹银的比例也较大，足银的比例较小。京城内、外注明成色契约的比例也有区别，前者约为五成，后者近七成，城外州县地区倾向于注明所用白银的成色，说明该地区银色的使用更为复杂。从平码的使用看，京城契约中所用平码主要有京平（二两平）、市平，其他平码仅发现一例，占比极小。京城所用平码中以京平（二两平）为主，约占七成；市平的使用较少。城外周边地区所用平码种类较多，除京平、市平外，还有通平、坝平、顺平、南市平、集平、张湾平、粮平等十余种，远多于京城所用平码。市平、京平也是该地区主要使用平码，其中市平较多，约为40%，京平仅有23.7%，市平在城外地区明显占有优势。其他平码约占四成，且种类较多。可见，京城白银平码的使用较为统一，而城外周边地区各行其是，多种平码同时使用。

此外，城外各州县间也不尽相同，尤其是平码差别较大。本文对大兴、宛平、昌平、通州四个州县房、地契中平码的使用进行统计（其中大兴、宛平只计京城外部分），分析平码使用情况。由表一看出，大兴、宛平和昌平所用平码较为接近，均始于光绪朝，主要有市平和京平，其中市平比例较大，京平次之。大兴、昌平二县还出现本地使用的平码如黄平、南市平等，不过比例较小。通州与前三者明显不同。通州平码使用时间较早，道光时期地契中就出现市平和通平，但仅零星使用。光绪朝，契约中平码的使用比例激增，且种类远多于大兴、宛平等县。除京平、市平外，还有通平、张湾平、集平、松平等仅在本地出现和使用的平码。其中，通平所占比例约为46%，是该地区流通最广、使用最多的平码；市平、京平和坝平也相对较多，约占10%—15%。其他平码如张湾平、桥平、集平、粮平等，使用比例较小。

通过表一可以看到，北京地区房地契中注明平码、成色的白银所占比例和种类均呈上升趋势，京城及州县地区形成不同白银使用习惯，增加了白银流通的复杂程度。不过，京城及州县地区各自具有相对统一性。如京城白银成色主要有纹银、松江银、足银等，先后成为不同时期主流成色；平码以京平（二两平）为主，市平为辅，各阶段白银的使用也较为简单。城外州县也是如此。如昌平县常用银色有纹银、松江银等，平码中市平占四分之三，京平、南市平较少。通州银色有纹银、松江银等，所用平码较多，如通平、市平、京平、坝平、集平等，其中通平比例最大，约为45.5%。整体上看，北京地区白银的使用呈精细化、复杂化趋势，但京城、州县地区也形成了相对简单、统一的白银使用方式，方便了本地区白银的使用。白银使用特点对北京地区大额货币交易结构产生了较大影响。

表一　清代中晚期大兴、宛平、昌平、通州等地契中白银货币所用平码统计（%）

州县	道光	同治	光绪	宣统
大兴			市平57.9；京平42.1	京平62.5；市平25；黄平12.5
宛平			市平81.2；京平18.8	京平62.5；京平37.5
昌平			市平85.7；南市平14.3	市平60；京平40
通州	市平50；通平50	通平100	通平46.1；坝平、市平各15.4；集平、松平、张湾平各7.7	通平35.8；京平28.6；市平14.3；粮平、坝平、集平各7.1

清初，白银是北京地区大额交易的主要货币，使用过程中需要称重和确定成色。随着白银使用逐渐复杂化，在民间大额交易中地位受到较大冲击。如乾隆十二年（1747）二月二十五日浙江布政使潘思渠奏称："近世巧诈日滋，渐分成色，且作伪假银行使，愚民不能辨识，一受欺口赏本亏失，以致市井之交易，非钱不行。"[26]有些银炉、铺户等甚至暗中压低白银的成色，进一步促使民间弃银用钱。如乾隆九年（1744），纹银一两约兑换铜钱800文（每分银兑8文），而民间所用白银成色"大约九五六色者居多，铺户从而苛刻之，则反得七百矣。故民间贸易宁得七文钱，不愿得一分银。不独京师如此，天下皆然"[27]。从北京地区房、地契看，顺治至雍正朝，白银占据绝对优势，未发现铜钱的使用。乾隆时期，白银比例明显减小，计枚使用的铜钱超过白银。嘉庆至同治时期，白银比例降至三成左右，退居次要交易货币的地位。光绪至宣统朝，松江银、足银等成色、重量较为统一的实银及银元大量使用，白银货币（白银、银元）的使用比例开始上升，形成白银、铜钱并重的局面。总之，白银货币落后的使用方式，增加了其流通的成本，引起了民间大额交易中白银地位的下降。

四、结语

白银货币（白银、银元）是清代主要流通货币之一，是北京地区民间大额交易使用的主要货币，形成了该地区特色的白银使用方式。从成色上看，先后出现以纹银、松江银、足银为主体的三个阶段，银色呈不断提高趋势。从平码审视，除了通用的京平、市平等外，城外州县地区还形成了通平、南市平、张湾平、集平等地方使用的平码。整体上看，北京地区白银成色、平码的种类呈逐步上升趋势，京城及各州县也出现分化，说明白银的使用趋于精细化和复杂化。

清代，白银落后的使用方式对北京地区民间大额货币交易结构产生影响。清初，民间大额交易基本是白银；乾隆至同治时期，白银比例大幅减少，优势地位被铜钱取代；光宣时期，白银货币比例上升，形成银、钱并重的货币组合。总之，白银价值较大，便于运输，适合作为大额交易货币。但白银称量使用，使用方式较为烦琐，又给交易带来较大不便。北京地区民间大额交易的货币中白银货币比例的变化，是民间在当时货币制度下的一种无奈选择，落后的清代货币制度是其变化的根本原因。

①[清]张廷玉等：《清朝文献通考》卷十六"钱币四"，商务印书馆，1936年，第5002b页。

②李晓萍：《元宝收藏与鉴赏》，浙江大学出版社，2006年，第81页。

③肖清：《中国近代货币金融史简编》，山西人民出版社，1987年，第24页。

④周伯棣：《中国货币史纲》，中华书局，1934年，第75页。

⑤彭信威：《中国货币史》，上海出版社，1958年，第537—538页。

⑥谭彼岸：《中国近代货币的变动》，《中山大学学报》1957年第3期。

⑦公一兵：《试论清代福建的白银的货币结构》，《中国工商业、金融史的传统与变迁——十至二十世纪中国工商业、金融史国际学术研讨会论文集》，2007年，第96—121页。

⑧李红梅：《从土地文书看清代货币使用的地域差异》，《江苏钱币》2013年第2期。

⑨⑮戴建兵：《浅议近代京津炉房及白银制度的流变》，《江苏钱币》2014年第4期。

⑩戴学文：《银货考》，《中国钱币》1996年第3期。

⑪⑬张宗平、吕永和译：《清末北京志资料》，北京燕山出版社，1994年，第268页。

⑫⑭宋逢宜：《清代北京松江银锭考》，《中国钱币》2017年第4期。

⑯钱屿：《晚清民初北京十两银锭考》，《中国钱币》2011年第2期。

⑰〔美〕何天爵著、鞠方安译：《真正的中国佬》，光明日报出版社，1998年，第241页。

⑱张宗平、吕永和译：《清末北京志资料》，北京燕山出版社，1994年，第267页。

⑲中国人民银行总行参事室金融史料组编：《中国近代货币史资料》，中华书局，1964年，第358页。

⑳张宗平、吕永和译：《清末北京志资料》，北京燕山出版社，1994年，第359页。

㉑陈娟：《河南博物院藏咸丰宝钞、官票述考》，《中原文物》2010年第1期。

㉒中国人民银行总行参事室金融史料组编：《中国近代货币史资料》，中华书局，1964年，第351页。

㉓《清实录》第五十三册，中华书局，1987年，第885页。

㉔《清实录》第八册，中华书局，1987年，第426页。

㉕〔美〕何天爵著、鞠方安译：《真正的中国佬》，光明日报出版社，1998年，第218、242页。

㉖中国第一历史档案馆藏宫中档，档号：04-01-1235-017。

㉗中国第一历史档案馆藏宫中档，档号：04-01-35-1235-011。

（作者单位：首都博物馆）

北京古代坛庙建筑前导空间设计模式初探

李卫伟

本文讨论的坛庙建筑是指古代祭祀自然之神和历代祖先、先贤的建筑，是古代礼制建筑的重要组成部分。坛庙建筑也是我国"敬天法祖"传统思想在营造方面的重要体现，是上至皇家、王公大臣，下至黎民百姓都热心营建的建筑类型。因此，这个类型的建筑是明清北京的建筑艺术成就的代表。

坛庙建筑的前导空间的建筑物单一，尤其是祭祀自然神的祭坛，其前导空间的建筑物更是较为单一。但是其营造神圣空间的造诣却简单有效，非常值得借鉴和学习。

一、祭坛建筑的前导空间探析

北京的大型祭坛均为皇家祭坛，包括天坛、地坛、日坛、月坛、先农坛、社稷坛和先蚕坛，用于祭祀天、地、日、月、星辰和天下名山大川、先农、社稷和先蚕等神祇。这些祭坛的前导空间虽然大体一致，但也有细微差别。

1. 天坛、先农坛、社稷坛的门殿、林荫路形式前导空间

天坛和先农坛隔着永定门大街相对，历史上它们的前导空间十分相似。但是，先农坛由于后期破坏比较严重，已经看不出其前导空间设计模式了。但天坛还是比较真实地保存了前导空间的各个建筑要素。

天坛以西天门作为进入的主通道，因此西天门的前导空间是天坛前导空间的设计重点。如果将天桥看作是进入祭坛前的标志性建筑物，天坛的前导空间设计便是从此开始。虽然天桥使用了高拱形式，具有一定景观功能，但是天桥主要功能是为了这里的河道人船通行。因此，本研究认为天坛的前导空间可以从外坛西门前到永定门内大街相交处的石板路算起，前导空间的结束应该是向南至皇穹宇北侧砖门，向北至祈年殿南砖门（图一）。这条前导空间路线到达的主体空间是南侧的皇穹宇建筑群、圜丘建筑群和北侧的祈年殿建筑群、皇乾殿建筑群（图二—图四）。

天坛并没有建造牌楼作为标志物，第一座建筑物就是外坛西门，为一座三开间砖石材质拱券结构的墙垣式大门。这种材质和结构的坛门是北京所有祭坛统一的建

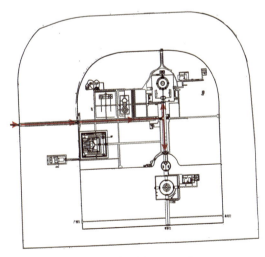

图一 天坛前导空间平面示意图

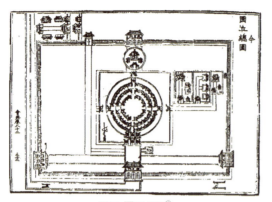

图二　圜丘总图①

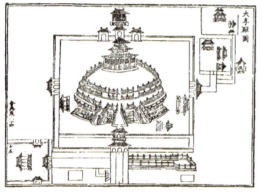

图三　《大明会典》大享殿图②

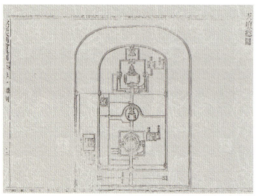

图四　《钦定大清会典图》天坛总图③

图五　天坛西门内的林荫路

筑形制，其他几座祭坛的坛门只是体量和规模不同而已。天坛的外坛西门是前导空间的第一座标志物。

进入外坛西门之后是一条笔直的道路，这条道路具有引导进入主体神圣空间的功能。它采取了三种设计方式：第一是在路两旁种植柏树。由于柏树属于常年不凋谢的常绿树木，因此就形成了四季不变的林荫路（图五）；第二，因为前导空间有一定的长度，天坛的中轴线整体东移，形成天坛西部大东部小的格局。这样就大大延长了前导空间道路的长度。从这一点我们也可以明显看出天坛在设计进入主体空间之前的这段区域时，是明显故意拉大了前导空间的长度；第三，在林荫路上设置了两个节点。第一个节点是内坛西门，这座门的建筑形制和规模与外坛西门一致。第二个节点是林荫路的结束处，即东端与丹陛大道的连接处。

这三点设计起到了三个作用。第一，这条由两座坛门和长达1.4公里的林荫路组成的前导空间的前半部分，显得漫长、宁谧而肃穆，为帝王进入神圣区域进行祭祀做了净化心灵的重要铺垫。第二，通过行进在漫长的道路上，突显了天坛的深渊感和神秘感。第三，林荫路的幽静与丹陛大道的高敞形成对比，既显示了天远的特点，也体现了天高的特点。

天坛的前导空间在行至丹陛大道后，转为南北两条线路，上文已经提及。丹陛大道的空间氛围与林荫路截然不同。丹陛大道高出地面5米多，正好与天坛内的树梢高度相仿，人行进在其上，仿佛漂浮在无尽的绿色海洋。丹陛大道这种高甬道形式将天坛前导空间的氛围带入与天相接的感觉中来，为接下来的主体殿堂的神圣感做了良好的铺垫。

社稷坛位于皇城内。从《大清会典》记载和现实的考察看，其前导空间的起点位于午门南侧，是一座砖石拱券大门，大门东向（图六）。门内为一条道路。过第一道门50米后是第二道砖石拱券的大门，

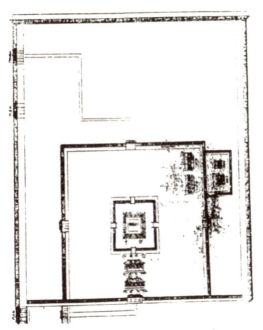

图六 《钦定大清会典图》社稷坛图④

图七 社稷坛北坛门

再行进80米为社稷坛北坛门。北坛门同样为一座砖石拱券大门，面阔三开间，北向（图七）。至北坛门道路转为由北向南行进，行进35米至社稷坛戟门处前导空间结束。过戟门之后为主体空间神圣区。社稷坛的前导空间虽然较天坛短很多，但是设计方法和所起到的功能作用是一致的。

2.地坛、日坛和月坛的牌楼、门殿和林荫路形式的前导空间

以地坛、日坛和月坛为代表的坛庙的前导空间起始点在历史上均使用的是牌楼，从建造年代看，地坛、日坛和月坛均建于明嘉靖年间，其风格相似。而建于明代早期的天坛、先农坛和社稷坛则都没有

建造牌楼。因此，这种差异很可能是不同时代对标志物认识的不同所造成的。虽然，三座祭坛的牌楼只有地坛牌楼经过现代复建恢复了历史样貌，但是日坛和月坛在明代和清代的国家典章制度《大明会典》《大清会典》中均绘制了其形象（图八—图十二）。

从明清时期的《会典》图，我们可以很明显地看出，无论是地坛还是日坛、月

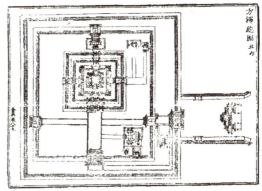

图八 《大明会典》中的地坛⑤

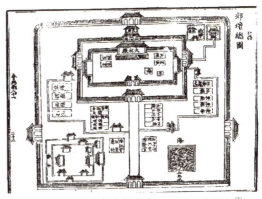

图九 《大明会典》中的天地坛图（即天坛图）⑥

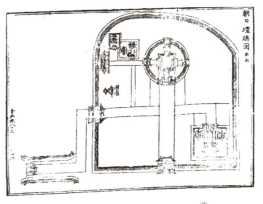

图十 《大明会典》中的日坛图⑦

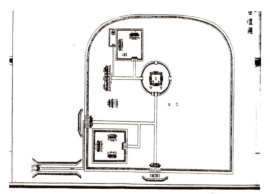

图十一 《钦定大清会典图》日坛图⑧

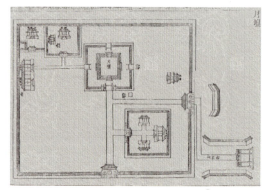

图十二 《钦定大清会典图》月坛图⑨

坛都是精心设计了进入坛门前的前导空间的。为了进一步明确行进路线，他们还使用了矮墙作为道路两侧的维护，围墙的起点建造牌楼。地坛的牌楼正对外坛西门，坛门内与天坛一样，也是一条柏树林荫路直达内坛西门。林荫路在内坛西门继续延伸，直至中轴线上改为向南行进，至地坛主体建筑——方泽坛的棂星门结束。

这条前导空间的路线在明清的图上绘制得十分明确，到现在也仍然保存得较为完好。这条前导空间的总长度虽然不及天坛，但也达到了1.2公里。其起点以牌楼作为标志物，进入坛门之前的300米道路两侧建造矮围墙，围墙在牌楼处做成八字墙形式。第一个节点和第二个节点均是一座砖石结构拱券门，而且为了反映中国古代"天圆地方"的说法，地坛的坛门均使用了平拱券的做法，这是其独有的特色。在前导空间结束、主体空间开始的部位，使用的也是牌楼门的形式，即方泽坛的棂星门（图十三）。

日坛和月坛的牌楼并不是位于坛门正前方，因此其前导空间前部，也就是进入坛门之前，都是"L"形。日坛牌楼位于坛门西北侧，至坛墙处改为向东行走，至坛门改为向北，进入北坛门（也称北天门）。进入北天门后，同样是柏树荫蔽的林荫路，到达日坛的东西轴线后，向东行进，直至日坛的主体建筑——朝日坛前结束。日坛的这条前导空间引导线，根据现状及复原推测长约0.8公里。这种做法显然透露出通过弯曲道路的行进路线，增加前导空间长度、拉大祭坛建筑景深的用意。

月坛的牌楼位于北坛门的东北侧，至坛墙处改为向西行走，至坛门改为向北，进入北坛门。这条前导空间引导线根据现状及复原推测长约0.7公里。日坛和月坛的前导空间起点牌楼两侧同样是八字形的围墙，月坛的围墙包围了整个北坛墙，使得接近坛墙后向西的路线成为封闭行进。日坛在接近坛墙后，反而是围墙消失，成为开放道路，这个现象十分有趣。虽然尚不明确其用意，推断大概与古代的礼制有关。日坛和月坛均只有一重围墙，因此前导空间上只有一座坛门作为节点。坛内的道路同样都是柏树组成的林荫路。

这几座坛庙使用的前导空间与天坛为代表的前导空间相比有两点不同。第一个是明确了起点，即建造了牌楼作为标志物。第二个是道路两侧使用了围墙。这就更加明确了前导空间的设计，且突出了其独享性和方向性。

图十三 地坛内方泽坛棂星门

值得提出的是，柏树是北京所有坛庙采用的树种。与坛门使用砖石材质一样，由于柏树的树龄非常长，《史记·龟策列传》载"松柏为百木长"⑩，因此是象征永久长寿的含义。同时《庄子·内篇·德充符》认为柏树还有正统帝王承尧、舜之位受命于天的尊贵含义："受命于地，唯松柏也正，在冬夏青青；受命于天，唯尧、舜独也正，在万物之首。"⑪这种做法不但使得前导空间具备了形体和空间设计，又为坛庙的前导空间增加了丰富的内涵设计。

二、祠庙建筑的前导空间设计模式探析

祠庙作为祭祀祖先的建筑，受到中国"敬天法祖"思想的影响，在我国古代十分兴盛。因此，其前导空间的设计也十分重要。

1. 大型皇家祠庙的前导空间设计模式

大型皇家祠庙以太庙、历代帝王庙、北京孔庙为代表。太庙由于位于皇城以内，采用的是门殿、林荫路与石桥结合的前导空间形式（图十四）。太庙前导空间的起点是太庙左门。太庙左门西向，进入太庙左门后为一条东西向林荫路，道路所在院落为太庙外院，院内遍植柏树，使得整座院落显得非常清幽、肃穆。

沿道路行进约220米至太庙琉璃门前转为南北向。太庙琉璃门为砖石结构随墙平券门形式，外表镶嵌琉璃砖（图十五）。此门虽然不算高大，但在琉璃砖的装饰下显得比较富丽堂皇。琉璃门后为戟门院落，戟门院既是前导空间的高潮部分，也是前导空间与主体空间的转换区域。

过戟门为太庙主体建筑，也是神圣区域。戟门前有一条向外呈弧形的金水河，河上架设5座汉白玉材质金水桥（图十六）。5座石桥的设置是皇家独享的建筑规制，加之戟门只有皇家才能使用的庑殿式黄琉璃瓦顶建筑形制，戟门空间充分

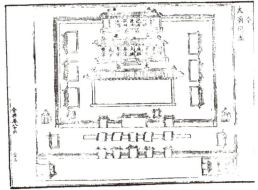

图十四 《大明会典太庙总图》⑫

图十五 太庙头道琉璃门内侧

图十六 太庙戟门及金水桥

显示了皇家的威仪。

色彩上，汉白玉的白色、屋身的红色、屋顶的黄色和它们之间的强烈对比形成了热烈的空间氛围。这种空间氛围与坛庙的肃穆、幽静与宏大既有相通之处，也有不同。如果说坛庙主要强调的是创造与自然接近、体现天地日月永恒与辽阔的空间氛围，那么太庙则主要表达皇家的富丽堂皇和华美。其共同之处则是要创造出神圣的空间氛围。

同样为皇家祠庙体系的历代帝王庙和孔庙的前导空间设置几乎相同。首先，都是由影壁、牌楼和门殿组成，但是历代帝王庙门前比孔庙多一座石桥（图十七、图十八）。历代帝王庙最前方是一座砖石砌筑的一字大影壁（图十九），影壁北侧有北、东、西三座牌楼（目前牌楼已拆除），与影壁形成一个半封闭的空间。

牌楼后为一座三孔的小石桥（目前已经埋入地下），桥是旱桥，是纯粹为了皇家的规制而设置的。桥后为历代帝王庙的庙门，庙门前树立敕令官员人等到此下马的下马碑。庙门两侧建造撇山影壁。影壁、牌楼、石桥、下马碑和庙门等建筑物在大街上组成了一个很有气势的建筑开端（图二十），凸显了皇家祠庙的威仪。过庙门为戟门（即景德崇圣门），是主体空间与前导空间的转换区域。

图十九　历代帝王庙影壁

图二十　历代帝王庙庙门

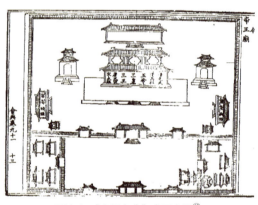

图十七　《大明会典》帝王庙图[13]

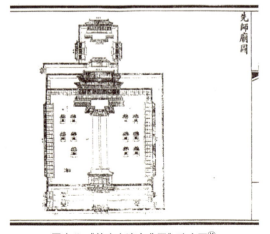

图十八　《钦定大清会典图》孔庙图[14]

孔庙与历代帝王庙所处的空间小有不同。孔庙地处胡同之内，而历代帝王庙处于阜成门内大街，街巷的尺度相较于历代帝王庙小得多。因此孔庙的前导空间缺少了沿着纵向展开的空间尺度。但孔庙的前导空间巧妙地利用了横向的胡同空间，即在胡同的东西两侧各建造一座牌楼，并在牌楼旁树立下马碑作为孔庙前导空间的起点，这样便在孔庙前形成了一段前行的距离。至孔庙的庙门（先师门）前，正对庙门的胡同对面建造了八字影壁（图二十一），先师门两侧也建造了八字撇山影壁，烘托了庙门前私有空间的属性。庙门之后为戟门（即大成门），是前导空间与主体空间的转化区域（图二十二）。

这种形式也创造了一个成功的利用周围环境作为前导空间组成部分的范例。孔庙位于国子监街的中部，无论是从胡同的东口还是西口，要想进入孔庙就必然要走过一百多米的林荫路，还要路过两座牌楼及为了警示各级官员与普通百姓的"下马

图二十一　孔庙影壁

图二十二　孔庙大成门

碑"，因此胡同两侧的高大行道树和胡同口的一座牌楼、胡同内的一座牌楼、下马碑、大门、房屋等也就天然地成为了孔庙的前导空间的组成要素。这种将天然的树木和公共建筑纳入自己的建筑序列、使其为自己的建筑功能服务的方法非常巧妙，人们只需要在部分节点增加自己需要的建筑景观，如下马碑、牌楼是专门为孔庙修建的，那么这几个节点性建筑就可以统摄起其他公共建筑为自己服务。

2. 一般祠庙的前导空间

除了皇家的大型祠庙建筑之外，位于街道或者胡同内的一般祠庙甚至是历史上很多名人的祠庙，大多数由于没有更大空间开辟前导空间，也只能是在祠庙门前建造影壁，甚至没有明显的前导空间标志物，因此天然的街道和胡同往往成为其前导空间的组成部分。如：位于府学胡同的文天祥祠堂、位于西裱褙胡同的于谦祠、位于达智桥胡同的杨椒山祠等都是这种形式。它们多数位于胡同中部，胡同可以看

作其前导空间。

当然，也有部分祠庙建筑由于得到了官方或皇室的资助也专门设计了前导空间。如位于鼓楼西大街的醇亲王祠堂（民国时期改为关岳庙），其前部就建造了一字大影壁作为标志物（图二十三）。影壁后为庙门（图二十四），庙门之后为戟门。戟门是前导空间与主体空间的转换区域，不但使用了门殿的形式，在门两侧还使用了琉璃撇山影壁。这样就形成了以影壁和两重门殿组成的前导空间组合形式（图二十五）。

3. 祭坛和祠庙建筑前导空间的异同

祠庙的前导空间相较于祭坛建筑前导空间产生了三点变化。

一是祠庙前导空间的建筑要素更加多样，增加了影壁、桥梁、木结构门殿等。因此其建筑形象更加丰富。而祭坛建筑由于表现的是自然神，整体设计更加简洁，建筑形象更加单一。二是祠庙建筑前导空间虽然距离更短，但是空间层次更加丰

图二十三　醇亲王祠堂一字影壁

图二十四　醇亲王祠堂庙门

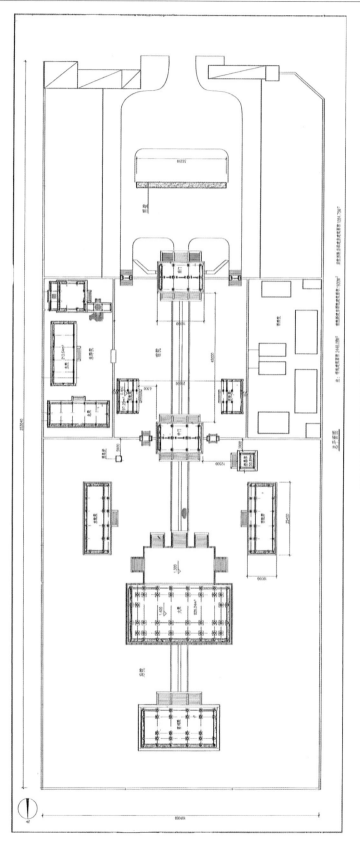

图二十五 醇亲王祠堂总平面图

富。一方面是祠庙前导空间不需要像祭坛那样为了表现宏大浩远而需要大空间，它最主要体现的是祠庙建筑的肃穆庄严，在此基础上也不失华美。因此需要在短距离内布置几座建筑物丰富空间层次。而祭坛建筑除了在过长的道路上布置一两座形体硬朗的建筑外，没有更多空间层次；另一方面，如果说祭坛主要从空间大小来表现等级性，那么祠庙建筑则是更多从建筑方面考虑和表现等级性。因此，祠庙建筑无论是从影壁的形式、桥梁数量的多少还是门殿的琉璃瓦都可以看出其等级。三是祠庙建筑更多是接近城市并利用城市建筑，而祭坛建筑则更多是远离城市，与城市建筑有所区别和分离。

三、坛庙前导空间的功能作用

坛庙建筑前导空间的设计和处理模式为进入主体建筑群起到了三方面的功能作用，即标识、引导和对比反衬。

首先，牌楼在我国古代是一个建筑群或者建筑区域开始的标志性建筑物，它的大小、形式和装饰都有等级的象征。因此，使用了牌楼的前导空间具有强烈的标识和启引的作用。人们一看到牌楼就知道要进入一个新的建筑空间了。牌楼起到标识作用的同时，还具有转折的意味。看到牌楼意味着要从牌楼以外的空间进入牌楼所标识的那个新空间了。

其次，用门殿和道路形成的前导空间具有强烈的方向性和指向性，因此前导空间具有引导作用。在引导行进路线的同时，它又是坛庙外世俗空间和坛庙内主体神圣空间建筑的过渡。梁思成先生在讲到正阳门前的牌楼、道路和石桥时用了"前卫"一词："在门前百余米的地方，拦路一座大牌楼，一座大石桥为这第一个重点做了前卫。但这还只是一个序幕。"[15]这段话非常明显地表明了正阳门前导空间同时具有标志、引导和过渡的功能。

最后，坛庙主体空间建筑的建筑形象和其（即神圣空间）氛围，要么高度净化、要么雄伟肃穆，而前导空间建筑的形象和其氛围则形式简洁、氛围清幽。这样两种空间氛围和建筑形象形成强烈的对比，产生巨大的反衬，从而达到建筑上的反心理预期的作用。

四、结语

前导空间的设计虽然未能在古代典籍中明确提出，但是通过实例，我们可以清晰地看到它是经过缜密设计和处理的，并形成了一定的设计模式。为坛庙建筑空间氛围的营造起到了至关重要的作用。因此，这种设计方法和处理模式是我们古代建筑对空间设计的成功方法，是值得借鉴和学习的。

本文为住建部科技司、北京建筑大学北京未来城市设计高精尖创新中心开放课题基金资助成果，课题编号UDC2017020612。

① ［明］李东阳等：《大明会典》卷八十二，广陵书社，2007年，第465页。

② ［明］李东阳等：《大明会典》卷八十四，广陵书社，2007年，第497页。

③ ［清］昆冈等：《钦定大清会典图·礼制图一》，中国台湾文海出版社有限公司，1992年，第3页。

④ ［清］昆冈等：《钦定大清会典图·礼制图一》，中国台湾文海出版社有限公司，1992年，第55页。

⑤ ［明］李东阳等：《大明会典》卷八十三，广陵书社，2007年，第476页。

⑥ ［明］李东阳等：《大明会典》卷八十一，广陵书社，2007年，第444页。

⑦ ［明］李东阳等：《大明会典》卷八十三，广陵书社，2007年，第483页。

⑧ ［清］昆冈等：《钦定大清会典图·礼制图

二》，中国台湾文海出版社有限公司，1992年，第63页。

⑨［清］昆冈等：《钦定大清会典图·礼制图二》，中国台湾文海出版社有限公司，1992年，第69页。

⑩《史记》卷一百二十八《龟策列传》，清乾隆武英殿刻本，第1211页。

⑪［战国］庄子：《庄子·内篇·德充符》，《四部丛刊》景明世德堂刊本，第45页。

⑫［明］李东阳等：《大明会典》卷八十六，广陵书社，2007年，第534页。

⑬［明］李东阳等：《大明会典》卷九十一，广陵书社，2007年，第602页。

⑭［清］昆冈等：《钦定大清会典图·礼制图三》，台湾文海出版社有限公司，1992年，第117页。

⑮梁思成：《北京——都城规划的无比杰作》，载《梁思成全集（五）》，中国建筑工业出版社，2001年，第107页。

（作者单位：北京市古代建筑研究所）

从墓葬形制和随葬品组合看
八里庄魏墓

——基于海淀博物馆馆藏文物的启示

鲍晓文

八里庄魏墓，被誉为20世纪80年代北京地区最重要的考古发现之一。墓葬中出土的随葬品，有部分陶器、铜器，数量最大的为黄釉陶器32件（套），另有五铢钱40余枚，其中大部分文物现藏于海淀区博物馆。最为重要的是，"该墓出土了有正始五年（244）纪年铭文的铜弩机，这是目前为止北京地区发现的唯一一座有纪年的曹魏时期墓葬"[①]，即为"纪年墓"。

从延康元年（220）曹魏代汉到咸熙二年（265）西晋禅魏，历史上的曹魏政权存在时间较短，加之北京地区这一时期墓葬遗存发现非常少，造成了长期以来人们对于当时北京地区墓葬形制变化及随葬器物发展序列认识的缺环。用考古实物资料来还原并解读北京社会的历史面貌，实现与文献资料的相互补充，八里庄魏墓的发掘填补了这一空缺。本文试图利用考古发现的该墓墓葬形制和随葬器物等珍贵资料，结合已有的部分研究成果，运用历史发展的横向联系、纵向比较等方法，加以分析和说明。

一、墓葬的基本形制及特点

1987年发现于海淀区玉渊潭乡八里庄东北处的曹魏时期墓葬，"墓底距地表约6米，是一座南北向双室砖室墓，其形制与北京顺义大营村魏晋墓M2相似，墓顶呈覆斗形。墓葬早年被盗，顶部坍塌。斜坡墓道长3.5米、宽0.8米，接近墓门处为平底，墓道渐宽至1.3米，墓门由砖砌封堵。墓室前有甬道，长1.35米、宽0.8米，前室为长方形，长2.5米、宽2米，墓室残高2.5米。前室和后室有甬道相连，长0.6米。后室形制同前室，长3.2米、宽2.5米。骨架散乱，难以辨别葬式，随葬品位移。墓室及甬道均用长方形砖铺地。"[②]

西汉中后期，由于国家稳定，社会财富剧增，提倡"厚葬"之风，据《盐铁论·散不足》载："今厚资多藏，器用如生人。"[③]为了"厚葬"的需要，汉代在墓葬形制上进行了历史性的变革，主要体现在由先秦的竖穴式"椁墓"向两汉横穴式"室墓"的转变，墓室的构建基本按照墓道、墓门、前堂后室作中轴线排列，甚至还出现了侧室、耳室等，大大扩展了地下墓葬的空间。

这种砖室墓葬实际上仿照了两汉时代厅堂建筑的式样，墓室力求倾向于人们对生前居住空间的模拟，内部结构日益住宅化、居室化，即逐渐向现实生活中的家居建筑靠拢，可以说是汉代人们居住情况的直接反映。这种"构墓为室"的葬俗至东汉以后普遍流行，魏晋时期继续沿用，几乎为各地区、各阶级所使用，标志着墓葬形制逐步走向成熟。

正始五年的海淀八里庄魏墓，距汉魏

禅让仅二十余年，其墓室的构建尤其是前后双室砖室的墓葬形制，以及随葬品的组合方式，基本遵循了北京地区东汉中期以来的墓葬遗风，如果没有出土铜弩机纪年铭文的实物资料，很难准确地把曹魏时期的墓葬从东汉墓葬中区分开来。正如《晋书》所记载："丧纪之制……魏晋以来，大体同汉。"④

虽然魏晋早期的砖室墓在形制结构方面还保留着东汉的传统，即较大型墓葬多有斜坡墓道、甬道、方形前室和长方形后室，但耳室（侧室）已不存在，如海淀八里庄曹魏时期墓葬（图一）、顺义大营村西晋早期墓葬M2（图二），就突出表现了汉魏晋时期一脉相承的丧葬文化的基本面貌，但已有简化的趋向。到西晋中后期墓葬形制又逐步演变为单室墓，改变了东汉以来流行的多室墓的形制，墓室加高，结构更牢固。如西晋晚期的海淀景王坟M1及M2、石景山西晋华芳墓、房山小十三里西晋墓，其墓葬形制都为单室墓，基本是平

面近刀形，由墓道、墓门、甬道、墓室等部分组成。

墓葬形制演变由繁复趋向简单，说明了"汉制"到"晋制"社会面貌和主流文化的根本性变化，具体表现为北京地区在魏晋以后，由于少数民族大量内迁，社会动荡、经济凋敝，人们无力花巨资营建墓葬，对祖先祭祀逐渐由陵墓转向宗庙，上自王侯下及士庶，均表现出对待自然生命流逝的豁达之情，引领了丧葬意识的潮流，奠定了魏晋时期薄葬的基调，而海淀八里庄魏墓就恰好处于"汉制"转变为"晋制"的起点，具有过渡时期的基本特征。

二、墓葬出土器物的类型和组合

由于墓葬早年被盗，所见八里庄魏墓的陪葬品中除少量金属制品、石质品外，低温釉陶类制品曾被大量使用。

（一）釉陶类明器组合

"明器"又作"冥器"或"盟器"，是中国古代专为随葬制作的器物，有陶制、竹制、玉制、金属制品等。"孔子谓：为明器者，知丧道矣……其曰明器，神明之也。"⑤明器有别于日用器而不具有实用功能。孔子提出，用无实用功能的明器（神明所制）随葬来祭吊死者才是合乎礼仪的做法。汉代以来人们丧葬习俗的特点是"事死如生"，反映了当时人们灵魂不灭的观念，认为人死后还会如生前一

图一 海淀八里庄魏墓实景

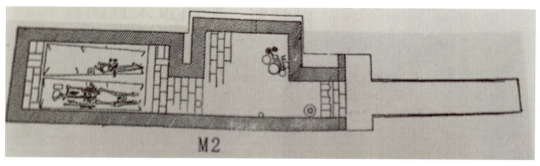

图二 顺义大营村西晋早期墓葬M2平面图

样生活，需要有与生前一样的生产生活用具“陪伴”他们，因此尽量齐全地置办各种随葬品与死者的躯体一同厚葬于地下。

现收藏于海淀区博物馆并展出的这组釉陶明器，数量较大，形制较全。如：磨、臼、壶、尊、盆、灯、槅、羽觞（双耳杯）、虎子等多类器型的生产生活用具组合，灶、仓、井、猪圈（厕）等描绘庭院场景的陶塑类建筑组合，乐舞、侍从、武士、庖丁等陶人物俑系列，家畜家禽（猪、鸡）的动物陶塑类等。表现内容极为丰富，形象地再现了墓主人生前真实的生活场景。

1. 陶人物俑

泥质红陶，质地疏松，原有白色陶衣及彩绘，已脱落。这是一组随葬人物陶俑（图三），应为陶舞俑及武士俑，造型生动传神。陶舞俑头绾发髻，面部五官清晰，左手上扬，右臂低垂，做舞蹈之势，身着双层长套裙，姿态优美，神情飞扬。陶武士立俑双臂下垂，面部浅浮雕五官，轮廓鲜明，表情略带微笑。

陶农庄、院落配以侍者、乐者、庖丁、兵丁等人俑，则体现了人们对当时豪强富足者生活的向往，俑的种类、数量多少和规模大小则成为衡量墓主人身份的重要标志。而表现庄园生产和生活丰富内容的重要构成部分，如粮食仓储加工、生活起居、牲畜圈养等也在以下各类明器中得到一一描摹。

2. 生产生活用具

粮食加工器具为一盘两扇的釉陶磨，

图三 陶人物俑

图四 釉陶磨

图五 釉陶臼

由上下刻有凹凸纹路的两扇磨盘组成（图四）；稻谷脱壳工具釉陶臼，由舂杆和底座两个独立部分构成，座上有支架以支起舂杆（图五），舂杆与底座相合，完整表现了实用器的原貌。

生活用具类有釉陶盘，敞口，盘内底以两个同心圆弦纹划分为两部分，两圆之间装饰一周水波纹；釉陶羽觞，又称羽杯、耳杯，外形为椭圆平底，两侧有半月形双耳，寓意“羽化升天，酒中寄情”，后有魏晋文人雅士寄情山水的“曲水流觞”；再有直口斜肩、扁方形腹、条形足的双系陶扁壶，肩部有对称双系（图六）；直筒腹（圆筒形）、三兽形足的水波纹铺首耳陶奁，器身内外均以弦纹和绘水波纹间隔装饰，外侧饰三个兽面铺首，做工精致（图七）。奁在汉魏时期尤为流行，当为放置梳妆用具的器物。釉陶灯，由底座立柱、四个灯碗组成，中心平稳，造型独特；釉陶勺，勺窝较深，勺把起棱，弯曲弧度较大，应是从釜中盛取食物的器物。

图六　釉陶扁壶

图七　釉陶奁

图八　釉陶灶

3．建筑陶塑

八里庄魏墓出土、由海淀博物馆所收藏并展出的釉陶灶、井、仓、猪圈（厕）等古代生活配套设施，形象生动地展现了古代人的庭院生活场景，颇具烟火气息。

釉陶灶，为炊煮用的庖厨用具，有陶塑的灶台，灶台前作火墙和方形灶门，后侧作有烟囱，长方形单锅灶，埋一釜（锅），釜上置一甑，灶面上模印出甑、火钎等庖厨用具，形成了丰富的装饰效果（图八）。由于中国早期对灶神的信仰没

有发展成"人"的形象，这种塑造本身带着一种崇拜的性质，反映出我国自古至今有灶神信仰和祭灶的风俗。

釉陶井，井口沿为圆形平折，井身呈喇叭状外撇，紧挨着井沿一侧贴塑头盔式隆起，应为类似辘轳功用的一种装置（图九）。据《淮南子》记载，水井与天上云气相通，被视为神龙浮扬之场所⑥。可知水井是一种通天贯地的神物，寓意接引墓主人升天。

呈上小下大喇叭形的釉陶仓分为两截，其上部为起多棱的仓顶，仓顶起脊，脊两端上翘，下部为带方形窗口的仓库，以供储备粮食之用（图十）。

厕（圈）实为日常所需，多数圈是与厕相连。猪圈是现代考古学的命名，汉代对每种牲畜的圈舍各有其专名，如马圈称厩，牛圈称牢，羊圈为庠，猪圈为溷，溷本身含有厕的意思，厕实际上也是猪圈。该墓的釉陶厕封闭围墙已残损，但出土了形象生动的釉陶猪圈和造型可爱的陶鸡、猪等（图十一）。

图九　釉陶井

图十　釉陶仓

图十三　釉陶榻

图十四　房山小十三里西晋墓釉陶榻

4．时代典型性器物

需要特别指出的是在这一场景中，展示出了具有时代典型性特征的釉陶虎子和釉陶榻。

釉陶虎子是一种盛器，口部似张口的虎首，背有提梁，圆腹，下有四足，因其形如虎，故名（图十二）。其用途有两说，一说是溺器，一说是水器。虎子系汉魏晋时墓葬常见随葬陶瓷品之一。魏晋战乱，文人士大夫对人生无常感受颇深，遂淡漠仕途，退而追求现实生活的精细与艺术，也助推了风格独具的艺术性与实用性兼备的象生性青釉瓷产品的生产。

釉陶榻整体呈长方形，共分为十个大小不等的格子。底部有座，附有四个曲尺形的直角矮足，两足之间以连弧形装饰，呈垂帐状，做工精致（图十三）。这类陶榻广泛出现于西晋时期的墓葬，是魏晋南北朝时期的典型随葬器物之一。

在北京地区已发现的魏晋时期墓葬中，海淀八里庄曹魏时期的墓葬最早出现了陶榻，而随后这类陶榻广泛出现于西晋时期的墓葬中，如房山小十三里西晋墓（图十四）和海淀区景王坟M1、M2均出土了类似的陶榻[⑦]，这是该墓区别于本地区东汉晚期墓葬的主要表现，也表明了从曹魏时期开始至晋代新型的随葬器物已经出现。

另外，北京地区东汉晚期墓葬如顺义临河村、朝阳三台山东汉墓中多有陶楼出土，陶楼多出现于一些高等级的墓葬中，八里庄曹魏墓中未见出土陶楼一类器物的记载，从另一个角度说明了八里庄曹魏墓的级别较低。再结合我国其他地区发现的年代明确的曹魏墓，如河南洛阳正始八年（247）墓、山东东阿的曹植墓等[⑧]，都没发现陶楼这种大型的建筑类明器，推测曹魏时期墓葬不随葬造型繁复的陶楼类明器是较为普遍的现象，这成为汉、魏墓葬相区别的又一个表现。同时也开启了由汉代"厚葬"逐渐向魏晋时期"简葬"转变的历史阶段。

魏承汉制，从生产到生活领域无所不有的釉陶明器组合，反映了地主庄园内充足的粮食储备、完善的庭院起居设施、丰富的日常生活用品、从事劳作看家护院的兵丁、侍奉主人的舞女，真实地记录了农业生产、饮食风俗、服饰装束、建筑构建

图十一　釉陶猪圈

图十二　釉陶虎子

等情况，这也正是我国历史上汉魏时期门阀士族庄园经济发展的缩影，为考察汉魏时期北京地区社会政治概况、生产生活、建筑雕塑等提供了宝贵的实物依据，并可以补充文献记载的不足。

总之，从汉代至魏晋早期，在"孝"作为伦理纲常思想的影响下，"明器"也得到了空前发展。无论墓葬中使用何种明器，既能以此来象征墓主人在冥间的享乐生活，同时也表达了孝子贤孙们的孝敬之情，其思想根源都在于古人"事死如事生"忠孝礼制的丧葬观。

（二）金属类器物——铜质弩机

弩是战国以来广泛使用的发箭兵器，弩机安装于弩臂后端，是弩的重要构件之一，由弓发展演变而来。据《说文解字》的解释，弩是带臂的弓，即在弓的基础上增加了弩臂和弩机，也就是说完整的弩是由弩弓、弩臂、弩机三部分构成。

发现于海淀八里庄魏墓的铜弩机，由郭、望山、悬刀、牙、钩等几部分构成，悬刀底部有圆形穿，郭上阴刻有"正始五年三月卅日左尚方造步弩耳监作吏王昭匠马广师张雄"二十六字铭文（图十五）。

图十五 铜弩机纪年铭文

正始五年即公元244年，该弩机铭文记录了其制作时间、管理部门、监作者、制作人等信息，这是春秋时期以来"物勒工名"制度在三国时期的延续。《礼记·月令》载："物勒工名，以考其诚。功有不当，必行其罪，以究其情。"郑玄注曰："勒，刻也，刻工姓名于其器，以察其信，知其不功致。功不当者，取材美而器不坚也。"[⑨]这是已知最早的有关"物勒工名制"的文献记载。可见，"物勒工名"制度是将制作过程和制作人、监作者等信息勒名于器物之上，以便在发生质量问题时，能循名问责的一种制度。

海淀博物馆收藏并展出的这件铜弩机，不仅为断定该墓年代提供了重要的信息，对研究古代兵器制造及管理方法都提供了极为珍贵的实物资料，并与古代文献的记载相印证。

三国时期，群雄割据，战争频发，对弩机等兵器的需求也在不断增加。三国曹魏正始铭文铜弩机曾在各地相继出土发现，如：1959年江苏南京石门坎出土正始二年（241）弩机、1985年河南沈丘出土正始五年弩机、1986年河南新乡大召营出土正始二年弩机、20世纪80年代安徽寿县出土正始二年弩机、2003年山东临沂洗砚池晋墓出土正始二年弩机等[⑩]。

魏晋北朝时期，北京地区基本处在幽州的行政范围内，地处中原农耕文明和草原游牧文明的过渡地带，这个时期北京地区的许多墓葬中均发现了铜弩机等武器，如：海淀区八里庄魏墓、石景山西晋华芳墓、石景山八角村晋墓、房山小十三里晋墓等，这些带有军事性质器物的出土，充分印证了魏晋时期幽州与北方少数民族地区接壤，不仅是中原政权的边防要塞，而且是少数民族进攻中原的最先突破点，是一个非常重要的军事基地，铜弩机的发现可以生动地展现魏晋时期幽州的政治与军事状况。

三、结语

海淀八里庄魏墓无论从墓葬形制还是随葬品的组合上，均为北京地区及周边的河北、山东等地区东汉时流行的墓葬构筑形式，这种状况在全国是一种普遍存在的现象，体现出汉、魏两个时期的极大相似性。又因它与北京顺义大营村西晋早期墓葬M2形制相似，说明西晋早期墓葬仍未能摆脱汉魏时期丧葬文化面貌的影响，从西晋中期"单室墓"开始流行并逐渐取代汉代以来的前后双室及多室墓的墓葬形制，标志着社会由提倡"厚葬"到"简葬"的根本性转化。

在随葬器类的组合上，海淀八里庄魏墓出土带有纪年铭文的铜弩机，是具有重大历史价值的考古成果，不仅是确切纪年墓葬的印证，也填补了北京地区东汉以后魏晋考古文化的空白，为研究魏晋时期的幽州社会提供了珍贵资料；而釉陶类制品除沿用东汉时期的常见组合外，西晋时期的部分典型性器物虎子、陶榼（多子盒）、鸡首壶（安徽马鞍山三国吴墓出土[11]）等，在三国时期的墓葬中均已出现，尤其是陶榼最早出现在海淀八里庄魏墓，足以说明该墓开启了魏晋时期随葬此类器物的新风。另外，由于陶楼这种出现于东汉的大型建筑类明器不再发现于曹魏时期的墓葬，反映出八里庄魏墓具有从"汉制"到"晋制"转化的过渡时期特征。

鉴于此，关于北京地区东汉以后至魏晋时代墓葬形制演变及随葬器物的发展序列，也就基本形成了一个更为清晰而完整的认识，正是由于海淀八里庄这座带铭文器物墓葬的发现，对解决这一问题具有重要意义。

---

① 董坤玉：《北京考古史·魏晋南北朝隋唐卷》，上海古籍出版社，2012年，第7页。

② 齐心：《北方考古研究（二）》，中州古籍出版社，1994年。

③ 〔汉〕桓宽：《盐铁论》，中华书局，2015年，第316页。

④ 《晋书》卷二十《礼制》，中华书局，1974年，第613页。

⑤ 〔汉〕戴圣：《礼记·檀弓下》，天地出版社，2017年，第76页。

⑥ 黄晓芬：《汉墓的考古学研究》，岳麓书社，2003年，第226页。

⑦ 董坤玉：《北京考古史·魏晋南北朝隋唐卷》，上海古籍出版社，2012年，第7—8页。

⑧ 胡传耸：《北京地区魏晋北朝墓葬述论》，《北京文博文丛》2010年第一辑。

⑨ 〔清〕阮元：《十三经注疏附校勘记·礼记正义》，中华书局，1980年，第1381页。

⑩ 于力凡：《首都博物馆藏正始二年铭铜弩机考》，《文物春秋》2014年第6期。

⑪ 孙媛：《鸡首壶功能再探——以鸡首与壶身是否相通为出发点》，载浙江省博物馆：《东方博物》第五十四辑，2015年，第65页。

（作者单位：北京市海淀区文物保护中心）

海淀区常青互联网金融产业园元代墓葬出土人骨研究

何嘉宁　张利芳　李　楠

2018年7—8月，北京市文物研究所在海淀区西四环附近的常青互联网金融产业园工地进行了抢救性考古发掘。在所发掘的一批墓葬中，有两座元代墓葬保存较好，墓葬形制、随葬器物较为独特，为北京地区所少见，值得关注。北京地区为元大都所在，是元代的腹里区域，必然会有一定数量的蒙古人居住、生活，卒后葬于此。那么，这两座元墓是否为蒙古人墓葬，除文化特征外，我们希冀能通过人骨的分析、鉴定等获得更多的信息，并为今后的对比研究提供一个参照。

一、墓葬基本状况

两座元墓（编号M5、M6）保存较好，墓室基本未被扰动。两墓相邻，均南北向，M5位于M6西南约2米。M5为竖穴长方形砖室墓，无墓道，石盖板覆顶。双人合葬，头向北，仰身直肢，人骨保存较好。葬具为木棺，已朽，仅有棺钉散落于墓室底部。两具人骨下面均铺有厚厚的一层木炭，约3—7厘米。该墓出土有陶罐、铜钱等。M6为竖穴长方形砖椁墓，砖椁紧贴木棺外侧，两侧椁壁上部叠涩内收结顶，封顶处为一层平砖，椁顶剖面呈三角形。砖椁平面呈梯形，北宽南窄。因木棺腐朽，椁室砖壁向内垮塌。单人葬，头向北，仰身直肢，人骨保存较好。葬具为木棺，已朽，仅剩棺钉。出土有陶瓶、陶罐。从出土铜钱判断两座墓葬的年代为元代。

M6出土的两件双系陶瓶较具特色。直口，口微内敛，直径较小。短颈，口下有一圈凸棱，凸棱下粘贴双耳。斜溜肩，器身直桶状，表面有拉坯留下的弦纹。小平底。该器型造型奇特，肩有双系，便于穿绳提携，小口、小底，似由辽金时期的鸡腿瓶演变而来。无论如何，此种器型似非源自汉地，从它的便携性来看，是游牧民族所习用的。

二、人骨保存状况

M5为双人合葬墓，东西向排列，两副骨架基本保持正常解剖位置，未经扰动。东侧的骨架保留有颅骨、下颌骨等，但面部残缺较多。四肢长骨多成对保存，但也有缺损。保留的椎骨以腰椎和胸椎为主，另有手足部骨骼少量。该骨架的头骨眉弓较弱，坐骨大切迹较宽而浅，耻骨下角为钝角，长骨纤细，体现出较典型的女性特点。其颅骨的骨缝已基本愈合，下颌第一臼齿齿质完全暴露，结合耻骨联合面形态判断其应为50岁以上的老年女性个体。

西侧骨架保留有相对完整的头骨和下颌骨，但躯干四肢骨有残损，椎骨、手足部骨骼只有少量保存。该个体的头骨眉弓发达程度中等，枕外隆突显著，下颌角粗糙、外翻，为男性个体。牙齿磨耗较重，前臼齿、第一臼齿的齿质完全暴露，头骨骨缝也已完全愈合。结合髋骨耳状面的形态判断，该个体为50岁以上老年男性。虽然该个体椎骨保存不多，但椎体边缘有较明确的骨赘增生等骨关节病样表现。

M6骨架也基本保持正常解剖位置，未经扰动。头骨的面部不完整，有残缺，其他部分及下颌大体完整。四肢长骨、椎骨、足骨大部分保留，但肋骨较为破碎。该个体的下颌骨粗壮，下颌角外翻、角度较锐；头骨枕外隆突、眉弓较发达，乳突大小中等；耻骨下角为锐角。以上都表现为较明显的男性特征。其牙齿磨耗较重，第一臼齿齿质接近完全暴露，颅骨主要骨缝已完全愈合，结合耻骨联合面形态判断，应为50岁以上老年男性个体。该个体的腰椎、颈椎及胸椎均存在严重的骨关节病样增生改变。

通过鉴定判断，墓主的年龄均为中老

年。椎骨的骨关节病是较为常见的人骨病理改变。

三、头骨测量

对3具人骨的头骨进行了修复和测量，测量结果如表一所示。其中M5东女性个体的头骨缺损较多，只能对其颅长、颅宽进行测量。M5西、M6头骨可测量项目更多，但M5西男性个体头骨存在有埋藏变形的情况，因而对一些测量项目产生了影响。

根据测量数据，产业园元墓出土头骨的形态特征表现为圆—中颅型、正颅型、狭额型。面部突颌不明显，横向扁平度中等（表二）。三个头骨的形态特征比较一致。

表一　产业园元代墓葬出土头骨测量

测量项目（马丁号）	M5西 男	M5东 女	M6 男
颅长(g–op)(1)	184.5★	171.0	184.0
颅宽(eu–eu)(8)	146.5	134.0	154.0
颅高(ba–b)(17)	135.0		
耳门前囟高(po–b)(20)	112.0		121.5
耳上颅高(21)	112.0		122.0
最小额宽(ft–ft)(9)	91.3		100.7
最大额宽(co–co)(10)	122.0		124.3
额弦(chord n–b)(29)	123.0		119.4
顶弦(chord b–l)(30)	102.3		112.4
枕弦(chord l–o)(31)	90.0		
耳点间宽(au–au)(AUB)	138.0		138.3
耳门上点间宽(po–po)	129.5		129.9
星点间宽(ast–ast)	105.6		108.4
颅基底长(ba–n)(5)	108.6★		
面基底长(ba–pr)(40)	104.5		
上面高(n–sd)(48)	73.0		82.7
颧宽(zy–zy)(45)	150.9		
中面宽(zm–zm)(46)	107.2★		113.9
颧颌点间高(sub zm–ss–zm)	27.7★		22.1
两眶内宽(fmo–fmo)(43[1])	97.0		111.2
眶额颧点间高(sub fmo–n–fmo)	16.2		18.5
鼻宽(54)	30.2		
鼻高(n–ns)(55)	60.4★		
鼻骨最小宽(SC)	9.7		

测量项目（马丁号）	M5西	M5东	M6
	男	女	男
鼻骨最小宽高(SS)	2.7		
眶高右(52)	34.4		38.3
额角(n–b–FH)	44.0		47.0
前囟角(g–b–FH)	40.5		42.5
额倾角1(n–m–FH)(32)			80.0
额倾角2(g–m–FH)			78.5
面角(n–pr–FH)	84.5★		91.0
鼻面角(n–ns–FH)	86.5★		95.0
齿槽面角(ns–pr–FH)	69.0★		86.0
鼻额角(fmo–n–fmo)	142.9		143.2
颧上颌角(zm–ss–zm)	125.3★		137.5
鼻根点角(ba–n–pr)	69.4		
上齿槽角(ba–pr–n)	72.7		
颅底角(n–ba–pr)	37.9		
颅指数(8:1)	80.5★	78.4	83.7
颅长高指数1(17:1)	74.2★		
颅长耳高指数(21:1)	61.5		66.3
颅宽高指数1(17:8)	92.2		
鼻指数(54:55)	59.9★		
鼻根指数(SS:SC)	27.7		
垂直颅面指数sd(48:17)	54.1		
上面指数sd(48:45)	48.4		
中面指数sd(48:46)	68.1		72.6
额宽指数(9:8)	62.3		65.4
面突指数(40:5)	98.0		

注：★表示数据为复原值

四、头骨形态的比较

为更进一步了解产业园三具人体的头骨形态特征，将其测量值与现代亚洲蒙古人群进行了对比。由于测量项目的不完整性，只对相对完整的M5西男性头骨进行了比较。比较项目包括10项数据：颅长、颅宽、颅高、最小额宽、颅基底长、面基底长、上面高、颧宽、鼻宽、鼻高。对比的现代人群可以分为3组，分别代表东亚蒙古人种类型（中国华北、东北、华南及朝鲜、日本等）、东北亚蒙古人种类型（楚克奇、因纽特、爱斯基摩等）和北亚蒙古人种类型（蒙古、布里亚特、卡尔梅克、埃文克、乌尔奇、奥罗奇等）。通过主成分分析来了解产业园出土头骨形态与哪一种类型的现代蒙古人群更为接近（表三）。

主成分分析共提取出3个特征根大于1的主成分（表四）。第一主成分PC1主要反映了颅长、颅基底长、面基底长、颧宽、鼻高等几个项目；第二主成分PC2主要反映的是颅宽、颅高、鼻宽；第三主成分PC3则主要反映了上面高和最小额宽。在主成分分析散点图上，东亚、北亚、东北亚等不同蒙古人群有较明显的分异。产业园M5西在PC1得分上与东亚人群相距较远，更接近于北亚或东北亚人群，尤其与蒙古组、布里亚特组更为接近；在PC2得

表二　产业园头骨测量项目所反映的头骨形态

测量项目	M5西	M5东	M6
颅指数(8:1)	圆颅型	中颅型	圆颅型
颅长高指数1(17:1)	正颅型	–	–
颅宽高指数1(17:8)	中颅型	–	–
垂直颅面指数sd(48:17)	中	–	–
上面指数sd(48:45)	阔上面型	–	–
额宽指数(9:8)	狭额型	–	狭额型
鼻根指数(SS:SC)	弱	–	–
面突指数(40:5)	中颌型	–	–
面角(72)	中颌型	–	平颌型
鼻颧角（77）	中		中

表三　产业园头骨测量值的比较①（男）

	颅长	颅宽	颅高	最小额宽	颅基底长	面基底长	上面高	额宽	鼻宽	鼻高
产业园M5西	184.5	146.5	135.0	91.3	108.6	104.5	73.0	150.9	30.2	60.4
布里亚特	181.9	154.6	131.9	95.6	102.7	99.2	77.2	143.5	27.3	56.1
蒙古	182.2	149.0	131.1	94.3	100.5	98.5	78.0	141.8	27.4	56.5
埃文克	185.5	145.7	126.3	90.6	101.4	102.2	75.4	141.6	27.1	55.3
乌尔奇	183.3	142.3	134.4	92.5	103.3	102.5	77.6	139.9	26.7	55.4
奥罗奇	177.0	148.9	130.8	91.4	99.2	98.5	73.3	139.4	25.6	53.2
卡尔梅克	185.1	148.4	130.3	94.4	101.6	99.5	76.7	142.2	26.8	56.2
因纽特1	181.8	140.7	135.0	94.9	102.1	102.6	77.5	137.5	24.4	54.6
因纽特2	183.8	142.6	137.7	98.2	103.7	101.1	79.2	140.4	23.9	55.9
楚克奇（沿海）	182.9	142.3	133.8	95.7	102.8	102.3	78.0	140.8	24.6	55.7
楚克奇（驯鹿）	184.4	142.1	136.9	94.8	104.0	104.2	78.9	140.8	24.9	56.1
中国东北	180.8	139.7	139.2	90.8	101.3	95.8	76.2	134.3	25.7	55.1
中国华北	178.5	138.2	137.2	89.4	99.0	95.2	75.3	132.7	25.0	55.3
爱斯基摩	188.2	134.1	140.0	94.4	104.2	104.2	72.4	136.4	23.5	53.5
现代华南	177.1	139.5	136.9	93.9	99.1	97.7	71.2	131.8	25.5	53.1
朝鲜男	176.7	142.6	138.4	91.4	99.4	95.4	76.6	134.7	26.0	53.4
日本（畿内）	178.3	141.2	139.7	93.1	102.1	100.1	72.9	133.5	26.4	52.4
日本（北陆）	183.0	139.3	134.5	93.0	100.9	99.1	70.0	135.0	24.9	51.5

分与北亚和东亚人群最为接近；PC3得分则低于其他所有对比人群。从散点图可以看出（图一），整体上M5西的头骨形态特征与现代北亚蒙古人群最为接近；而PC3得分表现出与其他现代对比人群均不同的趋势，则与该个体相对较低的上面高和最小额宽有关。其原因有待进一步分析，除头骨埋藏变形的潜在作用外，老年个体牙槽吸收导致的上面高变小可能是一个重要影响因素。

整体上看，产业园元代墓葬M5西头骨形态与现代北亚蒙古人群最为接近，但与其相比也存在一些形态差异，主要表现在PC3所体现的上面高和最小额宽上。M6虽

表四　产业园元代墓葬出土头骨比较主成分载荷

	PC1	PC2	PC3
颅长(g-op)(1)	0.672	0.518	-0.068
颅宽(eu-eu)(8)	0.558	-0.683	0.322
颅高(ba-b)(17)	-0.465	0.578	-0.214
最小额宽(ft-ft)(9)	0.291	0.559	0.606
颅基底长(ba-n)(5)	0.761	0.480	-0.354
面基底长(ba-pr)(40)	0.684	0.568	-0.163
上面高(n-sd)(48)	0.401	0.029	0.731
颧宽(zy-zy)(45)	0.968	-0.158	-0.039
鼻宽(54)	0.554	-0.643	-0.416
鼻高(n-ns)(55)	0.841	-0.140	-0.064

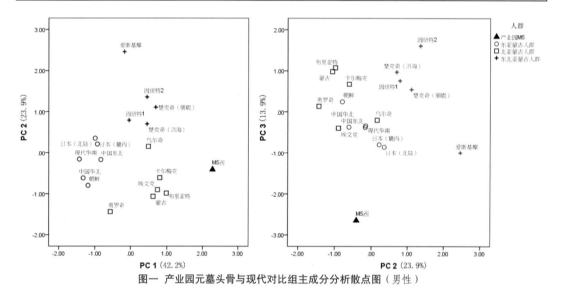

图一　产业园元墓头骨与现代对比组主成分分析散点图（男性）

表五　产业园出土人骨身高推算

	M5西		M5东		M6	
	左	右	左	右	左	右
股骨最大长（mm）	460			380	446	446
股骨生理长（mm）	458			378	443	443
推算身高均值（cm）	172.0		150.9		169.4	

然保存不完整，但其头骨与M5西头骨整体形态特征较为一致。

五、身高推算

通过股骨最大长、股骨生理长推算身高，公式采用现代中国汉族男性身高推算公式[②]和中国汉族女性身高推算公式[③]。以股骨最大长、股骨生理长所推算身高的平均值作为最终推算结果（表五）。两个男性个体身高分别为169.4cm和172.0cm，女性的身高为150.9cm。这与现代华北人的身高大体相近。

六、讨论与结论

产业园元代墓葬出土人骨3具，均为中老年个体。头骨保存状况一般，存在一定破损。其身高与现代华北人相近，存在椎骨骨关节病等病理现象。

经复原、测量及形态学比较分析，表明男性头骨形态整体上与现代北亚蒙古人群最为接近。从体质上看，产业园元代墓的墓主应与蒙古人关系最为密切，这与墓葬出土的游牧风格文化遗物可以相互印证。但墓主头骨形态在面高、最小额宽上与北亚蒙古人群存在些许差异。除埋藏产生的轻微变形影响外，导致这种现象的原因是否同北京地区不同族属人群之间的交流、融合有关，值得进一步深入研究。

①韩康信、谭婧泽、张帆：《中国西北地区古代居民种族研究》，复旦大学出版社，2005年。

②江西省公安厅等：《中国汉族男性长骨推算身高的研究》，《刑事技术》1984年第5期。

③张继宗：《中国汉族女性长骨推断身高的研究》，《人类学学报》2001年第4期。

（作者单位：北京大学中国考古学研究中心、北京市文物研究所、北京大学中国考古学研究中心）

北京地区出土明代银锭概述

唐 宁

近年来北京地区出土了较多明代银锭，但目前有关研究相对较少，且主要集中在个别墓葬出土的银锭。如王秀玲《明定陵出土金、银锭铭文》[1]对定陵出土银锭的铭文进行分类和研究；王显国《首都博物馆藏明代永宣时期银锭研究——兼论明初云南银矿的开采与管理》[2]、柳彤《馆藏明代"闸办银课"银锭刍议》[3]对明万贵墓出土银锭形制、铭文、成色及明初云南银矿的开采等进行探讨。本文在北京地区出土明代银锭资料基础上，结合其他各省出土银锭资料，对银锭随葬特点进行简要探讨。

一、北京地区出土明代银锭概况

中华人民共和国成立以来，全国多地相继出土过明代银锭。从考古资料看，这些银锭主要出土于遗址与墓葬，其中2017年四川省彭山江口张献忠沉船遗址出土文物4万余件，其中银锭数量较大，是出土明代银锭最多的一次。相较而言，各地出土明代银锭数量较少，大多系墓葬中的随葬品。

北京地区出土明代银锭相对较多，绝大多数出土于墓葬，仅一例出土于天宁寺。现将北京地区近年来明墓出土银锭做简单梳理（表一）。

北京地区发现银锭最多的墓葬是定陵，共出土各式银锭65枚。1957年，在北京市右安门外发现并发掘了明代成化年间万贵及其妻王氏合葬墓，出土永宣时期大银锭8枚[4]。1977年，北京市文物管理处在海淀区八里庄发现明武清侯李伟夫妇合葬墓，出土大、小银元宝各4枚[5]。2007年，北京市朝阳区奥运村地区发现明代昌宁侯赵胜夫妇合葬墓，出土小银元宝1枚[6]。西慈慧寺旁明代墓葬出土小银锭17枚。近年来，北京市文物研究所发掘较多明代墓葬，但出土银锭的墓葬较少，目前尚未见到发掘简报。

由表一可见，多数墓葬的主人身份显赫，涉及明代帝后、皇亲国戚及高级官吏等。明代墓葬随葬钱币的现象较为普遍，各类墓葬中基本有随葬铜钱的习俗，数量依墓主身份差异很大，平民小型墓少至1枚或数枚，大型墓葬多至千枚，如万历帝随葬万历通宝铜钱1206枚[7]。银锭作为贵金属货币，仅少量财力雄厚的帝王及显贵才可能大量随葬，我们看到表一中墓主非富即贵，如万历帝后及其贵戚等。各墓随葬银锭数量差别较大，帝王陵墓随葬银锭最多，重量较大、成色较好，显示出尊贵无比的身份。万贵、李伟等虽属皇亲及王侯等，随葬银锭数目明显较少，体现了身份与财力的不同。北京地区发掘的太监墓多至上千座，但发现随葬银锭的墓葬极少；其他中下级墓葬较多，基本未发现随葬银锭现象。

随葬银锭的墓葬多为规格较高墓葬，墓主人及年代清晰，且银锭上多錾刻铭文，银锭的制作或流通时间、用途等较为明确，为银锭及相关研究提供较多有价值的信息。

表一　北京地区部分明墓出土银锭情况统计表

墓葬年代	墓主人	墓主身份	出土时间、地点	银锭数量（单位：枚）	资料出处
宣德时期	刘通	太监	20世纪50年代，昌平区魏家窑	3	《由明代太监刘通墓葬出土文物论及明早期宦官政治现象》
成化时期	万贵夫妇	宪宗万贵妃父母	1957年，右安门外关厢	8	《北京文物与考古》第三辑
成化时期	万通夫妇	宪宗万贵妃兄弟、锦衣卫指挥使	1957年，右安门外南苑公社花园大队万通墓	4	首都博物馆藏银锭
成化时期	赵胜夫妇	昌宁伯，太保兼太子太保	2007年，朝阳区奥运村	2	《北京市朝阳区明赵胜夫妇合葬墓发掘简报》
万历时期	李伟夫妇	武清侯	1977年，海淀八里庄	17	《北京市郊明武清侯李伟夫妇墓清理简报》
万历时期	万历帝后	皇帝、皇后	1955—1958年，定陵	65	《定陵试掘简报续》
万历时期	皇帝嫔妃	嫔妃	1951年，西郊董四墓村	2	《北京西郊董四墓村明墓发掘记——第二号墓》
万历时期	李文贵	万历皇帝舅父，中军都督左都督	2007年，北京西站南广场	1	《北京市丰台区明李文贵墓》
合计				93	

二、北京地区重点墓葬出土银锭简介

北京地区出土明代银锭较多的墓葬有万历帝后墓、武清侯李伟夫妇墓、宪宗万贵妃父母万贵夫妇墓等。根据考古发掘报告及学者研究，将以上墓葬出土银锭情况概述如下。

1.定陵出土银锭

定陵是明代第十三帝万历皇帝朱翊钧（1563—1620）及孝端、孝靖两位皇后的陵墓，位于昌平区大峪山下，建于1584—1590年。1955—1958年，长陵发掘委员会工作队对定陵进行考古发掘，出土了各类器物2648件（钱币及纽扣除外）。其中，出土金银锭数量较多，金锭多达103枚，各式银锭65枚[8]。此65枚银锭分别出自万历帝、孝端、孝靖皇后棺椁内，万历帝棺内30枚，孝端30枚，孝靖5枚。103枚金锭出自万历帝身体下79枚，孝端身体下21枚，另3枚分别放在棺椁之间。银锭与金锭一起放在棺椁内，且多放在身体下面或两侧，应是作为非常贵重的物品随葬的。

定陵出土的65枚银锭重量、形制不同，从重量上看，有五十两、三十两、二十两、十两四种，其中五十两银锭44枚、三十两银锭10枚、二十两银锭4枚、十两银锭7枚。形制主要有两式（图一），第Ⅰ式是五十两大银锭44枚，形制相近。束腰形、正面下凹，两端起翘，背面凸起，大多数錾有铭文。第Ⅱ式银锭21枚，包括三十两、二十两、十两银锭。束腰形，正面中心稍凹，两端起翘，背面稍有凸起。其中16枚银锭正面錾有铭文，均为"银作局"所铸[9]。

定陵出土的银锭大多錾有铭文，除个别文字刻在底面和侧面外，绝大多数刻在表面。铭文字数不等，最多达36字，为银

图一　定陵出土Ⅰ式（左，编号W400）、Ⅱ式银锭（右，编号W63）

锭的研究提供了较多有用的信息。从铭文内容看，这些银锭为各地方上解京城的税银和银作局的花银。

税银主要来自江西、浙江和江苏三省，分别为19、19、4枚，按铭文有京库（银）、京折银、米折、京库米银、京银、金花银等不同称谓，其中刻有"京库（银）"字样银锭多达30枚，占税银总数近七成。"京库"特指属于国库性质的京师库藏，包括皇帝的内府库及户部等管辖的库藏等。明代，与银锭有关的"京库"主要是内承运库及户部银库，后者有北京的太仓库和南京银库。内承运库建于明初，正统元年（1436）以后由内府管辖，专以储藏"金花银"，主要供皇帝御用，少量作为拨发京城武官的俸银。户部银库属于政府财政收入，由户部掌管。

金花银本是成色较高的银锭，正统元年正式成为田赋折银。《明史·食货志》记载："正统元年，副都御使周铨言：'……请于南畿、浙江、江西、湖广不通舟楫地，折收布、绢、白金，解京充俸。'……帝以问行在户部尚书胡濙，濙对以太祖尝折纳税粮于陕西、浙江，民以为便，遂仿其制。米麦一石，折银二钱五分。南畿、浙江、江西、湖广、福建、广东、广西米麦共四百余万石，折银百万余两，入内承运库，谓之金花银。" 定陵中就出土了8件江南地区上解的重五十两金花银锭，如编号为孝133号银锭，铭文为"长兴县四十七年金花银伍拾两匠朱□"⑩，即为长兴县交纳的金花银。

正统元年以后，随着用银折纳田赋的推广，金花银逐渐演绎为对所有折粮银的通称。定陵出土的京库银、京折银等实际也是金花银称谓

的延伸。如《大明会典》记载："江西布政使：夏税，京库折银米麦六万石，每石折银二钱五分"，"福建布政使：秋粮，京库折银米三十六万四千石，每石折银二钱五分。"⑪从折银的价格看，京库折银米麦、折银米等银就是金花银。如定陵出土的孝145号银锭，铭文为"浙江金华府解万历肆拾柒年征完解京库银伍拾两正计一锭银匠沈文其"⑫，该京库银来自征收金花银的省份，显然也属于金花银。此外，金花银数量较大，作为皇帝御用之物，出现在万历帝后陵墓中也在情理之中。

2.李伟夫妇墓出土银锭

1977年，北京市文物管理处在海淀八里庄清理明代武清侯李伟夫妇墓葬⑬。李伟是万历皇帝生母李太后的父亲，即万历帝的外祖父。

李伟夫妇墓出土器物较多。夫人王氏墓出土器物有金、银、玉器等，其中包括金锭4件、大银锭4件。李伟墓已被盗，仅出土抹金系链盖银壶1件、小银锭13枚。从李伟夫妇墓出土器物看，尽管李伟墓大部分器物已被盗，但仍出土了大量金、银、玉器，尤其是玉带及慈宁宫银器等，说明其身份的显赫及富有。该墓中出土银锭多达21枚（图二），在明代墓葬中较为少见。

该墓出土的大银锭形制相似，船形，束腰，两端圆弧状且起高翘，底面中心

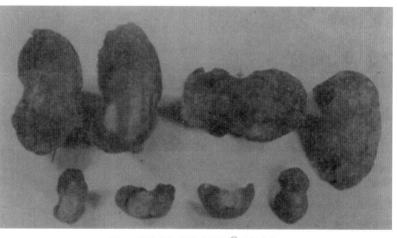

图二 李伟夫妇墓出土银锭⑭（部分）

图三 万贵夫妇墓出土银锭⑯

凸起，有较多小蜂窝；锭面较平、中心内凹。银锭通体有锈，有剥蚀，锭翅略有残缺。该银锭重量在1849—1868克之间，尽管银锭有缺损，但重量较为接近，应是按照统一重量标准铸造而成。该银锭均刻有铭文，多达30余字，注明该银锭地点、时间、用途及知县、吏、银匠姓名等，如"吴江县万历拾叁年米折伍拾两金花银 知县江钟廉 吏冯应祥 银匠沈伯"。四枚银锭铭文内容、风格相近，说明这批银锭是苏州府吴江县交纳的金花银。

小银锭13枚，重量较为接近，实测重量在180—186克之间。银锭呈船形，束腰，两端圆弧状、起翅；锭面略平，中心下凹。这些小银锭形制相似，也应是按统一规格铸造的。

3.万贵夫妇墓出土银锭

1957年，北京市右安门外明代成化年间万贵及妻王氏合葬墓被发现和发掘。该墓随葬品较为丰富，棺内出土金、银、玉、瓷器，银器有银壶、银洗盘、银脸盆，棺内一端发现大银锭8枚⑮。8枚银锭均錾刻重量"五十两"，实测重量在2134—2305.9克之间；正面刻有"云南闸办银课……"及铸造年份的铭文，可知这批银锭是明代永宣时期云南银矿的税银（以下称"闸办银课"银锭）。该银锭数量相对较多，且有准确的出土地点、较为

详细的铭文，是明早期货币史、经济史研究不可多得的实物资料。

八枚"闸办银课"银锭外观相近。银锭正面呈长船形，锭面和底部较平，束腰，两端较宽并起高翘。器身、器底有较多蜂窝状小孔，由于锈蚀严重，蜂窝小孔剥蚀严重。器身布满多层黑褐色锈蚀，表面锈层部分出现剥落（图三）。

银锭上刻有铭文较多，多者90字，少者也有50—60字。这些铭文涉及到银锭用途、重量、地点、制作者、监管、时间、银匠等内容。八枚银锭的铭文格式大致相同，左边第一行是税银的名称、银锭编号和重量，第二行是内官（监）、内官内使，此后依次是监察御史、给事中、矿场官员、三司委官某指挥金事、百长的官衔与姓名，最后是铸造银锭的时间及银匠。如编号7.56号银锭铭文为"云南闸办银课天字二百五十六号银五十两重内官潘荣花懋任安监察御史董克□给事中程昭山寿王忠白崖场办事官苗春黄埜三司委官景东卫指挥金事杨清□百长史三奴永乐十六年七月日银匠赵保等铸"等字⑰。

万贵夫妇墓出土的"闸办银课"银锭无论从外观、重量、制作工艺，还是从铭文内容上都有较大的相似性。该银锭铸造于永乐十六年（1418）至宣德年间，其间跨度仅有十多年，且是由多个不同银场铸造，说明当时政府对税银的铸造已经有一定规范。据《大明会典》记载："凡收受诸色课程变卖货物，起解金银，须要足色。如成色不及分数，提调官吏人匠，各笞四十。着落均陪还官。"⑱8枚"闸办银课"银锭统一规格并錾刻各官及银匠姓

名，可能就是为了明确责任，以确保税银足量足色。

三、明代墓葬随葬银锭特点

明代墓葬有随葬钱币的习惯。夏寒先生曾对400座明代墓葬随葬钱币情况进行统计，北方墓葬中约三分之一出土钱币，南方墓葬不足五分之一⑩。南、北方墓葬随葬钱币比例相差较大，体现了习俗的不同。北京地区明代墓葬随葬钱币的现象较为普遍，各类墓葬中基本有随葬铜钱的习俗，数量依墓主身份差异很大。金、银作为贵金属货币，也是随葬钱币之一，不过数量更少。

因白银属于大额货币，故明代墓葬中随葬银锭的比例较小。前文已及，北京地区共有8个墓葬出土了明代银锭，时间跨度从正德至万历朝。这些墓葬均为大中型墓，墓主人身份、地位也较高。首先，帝后及嫔妃等皇家墓葬2例，尤其是万历帝后墓出土银锭65枚，约计2650两，数量和种类均最多。其次，皇亲国戚墓葬4例，出土银锭数量1—17枚，数量也较多。其中武清侯李伟系万历帝的外祖父，其墓出

土大小银锭17枚，重约265两。明宪宗万贵妃父亲万贵及兄万通墓葬出土银锭共12枚，两墓银锭重约520两，数量较大。再次，高级官吏及宦官墓葬2例，出土银锭2—3枚，均为小银锭，数量及重量均较少。与之相比，其他中下级官吏及平民墓葬基本未发现随葬银锭现象。

北京地区明墓中随葬的银锭，其放置的位置有一定特点（表二）。

从"出土位置"栏的内容看，除刘通、万通墓银锭位置不详外，其他多出自棺内，仅万历帝、孝靖后、孝端后椁内的棺上各有银锭一枚，应该是有意放置的。棺内的银锭通常放在身体下或两侧，如定陵中多数银锭置于万历帝及孝端后身体两侧或身下；赵胜随葬2枚银锭也是分放于身体两侧；万贵墓8枚银锭放在脚下。也有少量银锭放置于墓主人头部、棺内四角，如孝靖后墓。

此外，从"备注"栏的内容看到，银锭与金、银、玉、铜器等贵重器物一起放在棺内，且在墓主人身边或身下，显然也是作为珍贵物品随葬的。明墓中有随葬钱币的习俗，如万历帝后、李文忠墓等棺底部均散布较多的铜钱，万贵墓有垫背金

表二　北京地区出土明代银锭数量、出土位置统计表

墓葬年代	墓主	银锭数量	出土位置	备注
宣德时期	刘通	3枚	不详	出土金银器、玉器、瓷器20余件
成化时期	万贵	8枚	棺内脚下	棺内随葬金、银、玉、铜、瓷器，其中脚下有银壶、银洗盘、脸盆，身体下压有垫背大金钱80枚
成化时期	万通	4枚	不详	
成化时期	赵胜	2枚	棺内左、右股骨外侧各1枚	头骨顶侧有金簪1件，右侧有铜饰件；腰部有玉带1条；左股骨外侧有银簪1件，骨架下有铜钱105枚
万历时期	李伟夫妇	17枚	李伟棺内出土小银元宝13枚；王氏棺内出土大银元宝4枚	王氏棺内出土金、银、玉、铜器等。其中金锭4枚分放在大银元宝上，小金钱10枚，铜钱20枚，散置棺底
万历时期	万历帝后	65枚	万历帝、孝端后主要放置身体下或两侧，少量放置两端（头部1枚）。孝靖后棺内四角和头部各1枚	万历帝：身下金锭79枚，垫褥上及衣服间万历通宝1206枚及鎏金银钱。孝端后：身下金锭21枚，及铺万历通宝铜钱95枚，身下褥子上缀有金钱100枚。孝靖后：身下垫褥有万历通宝491枚
万历时期	嫔妃	2枚	第二棺内	第二棺内还有大小银盆3个，头骨下压着凤冠1顶，为23件钗簪等物组成，里面裹着1对凤钗
万历时期	李文贵	1枚	木棺后端挡板前发现随葬银元宝1枚	棺底铺一层铜钱（680枚），填土中还出土有玉带板、玉花、玉饰件、金玉耳坠、金玉珠宝花簪、金耳坠、金耳钉、金花饰件和珍珠等

表三　各省（北京除外）出土明代银锭统计表

墓葬年代	墓主人	墓主身份	出土时间、地点	出土银锭数量（单位：枚）	资料出处
永乐时期	周闳夫妇	生前经营扶持，田畴广增，家业兴盛	1996年，江苏江阴	1	《江阴顾山明周闳夫妇墓》
永乐时期	徐膺绪	中军都督府金事，世袭指挥使	1965—1983年，江苏南京	3	《明中山王徐达家族墓》
正统、景泰时期	朱瞻垍	梁庄王	2001年，湖北钟祥	8	《梁庄王墓》
正德时期	徐鼎	曾任永州推官，家境殷实	1977年，江苏江阴	2	《江阴博物馆馆藏明清银锭》
正德时期	陆润夫妇	温州知府	1990年，江苏常熟	2	《常熟市虞山明温州知府陆润夫妇合葬墓发掘简报》
嘉靖时期	廖纪夫妇	光禄大夫少保兼太子太保吏部尚书赠少傅	1960年，天津	4	《河北阜城明代廖纪墓清理简报》
嘉靖时期	张鹏	漳州知府	1955年，四川洪雅	128	《四川洪雅九胜山明墓出土的银锭》
隆庆时期	袁炜	少傅兼太子太傅、建极殿大学士	1968年，浙江余姚	4	《余姚明代袁炜墓出土文物》
万历时期	项元汴	著名收藏家、书画家	1975年，浙江嘉兴	1（10两）	《浙江嘉兴明项氏墓》
万历时期	沐睿	黔国公	1974年，江苏南京	12	《江苏南京市明黔国公沐昌祚、沐睿墓》
天启时期	沐昌祚夫妇	黔国公	1974年，江苏南京	4	《江苏南京市明黔国公沐昌祚、沐睿墓》

钱80枚。明代，白银不仅是贵重物品，也是广受民间欢迎的货币之一。尤其明中期白银货币化完成后，白银成为主要流通货币。有些墓葬中银锭放置身下，与铜钱位置相近，也进一步说明墓葬中放置银锭也是随葬钱币习俗的继承和发展。不过银锭价值较高，作为随葬货币之一，仅帝王及少量财力雄厚的显贵才可能大量入葬，故明墓中银锭数量极少。明墓中随葬银锭数量的多寡，反映了墓主人身份、地位及财力的不同。

其他地区明代墓葬中也出土了银锭，不过相对较少。本文对较为完整的明代墓葬中随葬银锭情况进行统计（表三），计有11座墓葬出土银锭，时间从永乐朝至天启朝。银锭数量多寡不一，其中四川洪雅县九胜山张鹏墓出土银锭数量最多。张鹏官至漳州知府（正四品），随葬银锭128枚，总重量1430余两[20]。湖北钟祥梁庄王墓随葬器物多达5300余件，其中金、银、玉器就有1400余件。不过，该墓中银锭数量相对较少。出土银锭8枚，其中4枚为50两大银锭，4枚为2.5—25两小银锭[21]，从重量和数量上看远少于张鹏墓。此外，江苏南京明黔国公沐氏家族墓出土银锭，其中沐睿墓出土银锭12枚，该银锭尺寸较小，推测是五两的小银锭。其他墓葬也出土银锭，数量较少。

从随葬银锭墓葬墓主人的身份看，王侯公卿墓有3例，随葬银锭数量相对较多。中高级官吏有5例，所占比例最大，除漳州知府张鹏墓出土银锭较多外，其他墓葬随葬银锭通常为2—4枚，数量较少。低级官吏及地方豪绅有3例，出土银锭1—2枚，数量更少。从墓葬分布地域看，江苏省有6座，浙江省有2座，四川、湖北和河北各1座，以江苏为最。江苏南京是明初首都，永乐朝以后又作为陪都，王公贵族墓葬较多，且江浙是富庶之地，随葬银锭的墓葬较多也在情理之中。

由上述分析，北京地区出土银锭的墓葬较多，墓主为皇亲国戚或高级官吏，随葬银锭数量也相对较多。其他省份中，除江苏省外，各省出土银锭墓葬较少，且墓主人身份不仅有王侯家族，也有一些中低级官吏及乡绅，因此多数墓葬中随葬银锭数量较少。这一现象有其必然性。一是北京从永乐朝始成为明朝首都，帝后、皇亲国戚及高级官吏较为集中，随葬丰厚的大型墓葬相对较多，故出土明代银锭的比例也较大。二是南方江浙地区经济较为发达，白银货币的使用也更为普遍，因此中低级官吏甚至富有之家也开始以银锭随葬。

四、结语

明代，随着白银货币化的完成，白银取代铜钱、大明宝钞等成为主要的流通货币。白银作为贵重物品及大额货币，也成为珍贵的随葬品之一。从考古发掘资料看，北京地区随葬银锭的墓葬相对较多，出土的银锭也较多，多出自皇亲国戚及高级官吏墓葬，如万历帝后墓、万贵夫妇墓等。这些墓葬年代准确，银锭的制作或流通时间、用途等较为明确，是明代货币史研究的重要物证。此外，墓葬中随葬银锭数量的差异反映了墓葬主人身份、地位和财富的不同。

此文特别感谢首都博物馆柳彤老师给予的指导。

①⑩⑫ 王秀玲：《明定陵出土金、银锭铭文》，《世界文化遗产——明清皇家陵寝保护与发展研讨会论文集》，北京燕山出版社，2007年，第243—247页。

② 王显国：《首都博物馆藏明代永宣时期银锭研究——兼论明初云南银矿的开采与管理》，《中国钱币》2011年第2期。

③⑯⑰ 柳彤：《馆藏明代"闸办银课"银锭刍议》，《首都博物馆论丛》，北京燕山出版社，2017年。

④⑮ 苏天钧主编：《北京考古集成》8，北京出版社，2005年，第784页。

⑤⑬⑭ 张先得、刘精义、呼玉恒：《北京市郊明武清侯李伟夫妇墓清理简报》，《文物》1979年第4期。

⑥ 北京市文物研究所：《北京市朝阳区明赵胜夫妇合葬墓发掘简报》，《文物》2008年第9期。

⑦ 邬红梅：《试谈明墓中随葬钱币的使用制度》，《中国钱币》2006年第6期。

⑧ 长陵发掘委员会工作队：《定陵试掘简报（续）》，《考古》1959年第7期。

⑨ 中国社会科学院考古研究所、定陵博物馆、北京文物工作队：《定陵》，文物出版社，1990年，第166页。

⑪ [明]李东阳等编：《大明会典》卷二十六，江苏广陵古籍刻印社，1989年，第468页。

⑱ [明]李东阳等编：《大明会典》卷一百六十四，江苏广陵古籍刻印社，1989年，第2294页。

⑲ 夏寒：《浅议明墓中的古钱》，《四川文物》2006年第2期。

⑳ 徐鹏章：《四川洪雅九胜山明墓出土的银锭》，《考古通讯》1956年第5期。

㉑ 后德俊：《明代梁庄王墓出土金、银锭的初步研究》，《湖北钱币》专刊，2004年。

（作者单位：首都博物馆）

明御马监太监罗详墓志考

张云燕

近日，北京石刻艺术博物馆征集到一方重要的明代墓志，志主是正德年间赫赫有名的"八虎"之一、太监罗详（史籍亦作罗祥）。罗详虽与刘瑾、张永、马永成等人并称"八虎"，却未入《明史·宦官传》，仅在正德初年文臣的弹章中列名，生平事迹付之阙如。罗详墓志对其出身、经历及与明武宗的关系等都做了记述，可补文献之阙。

一、墓志录文

罗详墓志志盖已经佚失，仅得志底。为青白石质，长、宽均为60厘米，厚9.5厘米，边缘处有少量缺失（图一）。文字大部分尚可辨认，共34行，行字不等，满行35字，全文共808字（图二）。现将志文内容抄录如下：

明故禦馬監太監羅公墓誌銘」
供奉官臧賢撰文」
中書舍人傅亨篆額」
中書舍人張明師書丹」

大明正德之十年閏四月二十一日，太監羅公以疾卒於正寢，名下太監劉彪持公」狀求予銘，刻諸貞瑉。予再辭不獲。按狀：公姓羅氏，名詳，字德明，先由廣西人，幼失怙恃。」天性聰敏，天順七年，內缺給事，家選入朝。公之鄉貫譜系散漫，無所考。公生平慈□，」篤于友愛。成化十一年，除長隨，遂轉奉禦，供事」內庭，小心縝密，上甚嘉之。成化十六年，陞司苑局右副使，歷陞內官監右少監，」恩寵有加。公蒞官臨事，謹慎端

重，弘治改元，屢蒙恩賚，官職如故。正德元年，」今上登極之初，知公忠恕，遂」命近侍乾清宮，尋陞太監，署惜薪司事，凡起居動靜，無少間越。公承眷顧之厚，□竭心志，遇」事吻合上意，愈見寵愛。二年，許　內府乘騎，改禦馬監太監僉書，本年五月，」命提督豹房。公以遭際之盛，益勵其志，侍」上左右，忠愛彌篤，知無不言，言無不切，是以」上深器之，恩禮之隆，異于常等。公平居寡，言笑怡怡如也。公嘗自以幼失父母兄弟，孑然獨」立，嘗謂朋友乃五倫之一，古今之深于友道，必堅持信義，心同志合，志通金石，信如四時，」每憤然有所懾。為結會友，用惇友愛。公以信義自持，凡于祁寒盛暑，勞逸動止必同」其甘苦，事」臨下未嘗思須背違禮法，若蒼松翠竹，挺然於霜風之下，青青不改其操，誠可謂成德之」君子人也。上重公為人不迂不阿，忠耿仁愛，凡所頒賜，人所罕及。至如膳饈之頒，祿米」之賜，玉帶蟒衣之賚，恩渥稠密，此皆公志誠忠謹之所致然也。正德十年四月二十」四日，忽得疾，」上命御醫聆視，奏奉　恩旨於外私宅調理，日命近官往事其疾。疾愈□，」上恐氣絕，不聞眷顧之隆，遂陞其名下、家人若干，循次而進祿於官職，□于勇士，咸獲」恩典焉。公病中感此」恩渥，延及兩旬，越閏四月二十一日卯時卒，得年六十四歲。生之時日俱失。記訃聞於」上，重加哀悼，恩祭七壇，」命有司造墳安葬，齋糧麻布喪禮之用，舉皆優異。禦馬監太監張公忠董理喪事，」諭祭者三。在會之友咸皆弔

祭盡哀。嗚呼！人之生死固為常事，如公者善始令終，生榮死哀，」此達人之所未達，於理者又何憾焉。以本年六月二十二日，葬于宛平縣之西妙峰山，」三□□之□，銘曰：」

惟公之厚，發源廣右。江山鍾靈，公為之秀。入侍」帝闈，忠謹立身。左右輔翊，恩寵日新。誠信友愛，寬裕慈惠。名重貂璫，職榮中貴。令始令終，天報以德。我志我銘，鐫此貞石。

图一　罗详墓志底

图二　罗详墓志拓片

二、罗详生平经历

1. 年幼入宫，累升清要

由志文可知，罗详生于景泰三年（1452），卒于正德十年（1515），得年64岁。籍贯广西，自幼父母双亡，天顺七年（1463）被选入宫廷。在武宗即位之前，罗详在宫中担任过的职位有正六品的长随、奉御，从五品的司苑局右副使，以及从四品的内官监右少监等。

明初即在内府设奉御之职，为帝王近侍之官。长随、奉御二职并不专属于内廷监司局库门中任何一个系统。品秩曾有变动，洪武二十八年（1395）更定为正六品[①]，此后相沿未改。宦官初入宫时，仅为无品无职的小火者，欲求出身，往往经长随、奉御两职获得品级，迈入内官行列，随后分定衙门。若以长随、奉御之职于某监、局等就事，则称某监、局长随、奉御。罗详入宫时12岁，24岁得升长随，后转奉御，又五年升司苑局副使。司苑局"职掌宫中蔬果及种艺之事，……御前所用瓜菜、茶料，俱此局与林衡等署、上林苑、南海子同办之"[②]。设大使一人，正五品，左右副使各一人，从五品，管理、金书、掌司、监工无定员。

如果说司苑局衙门稍嫌冷僻的话，内官监则是内廷不折不扣的清贵所在了。内官监在明初具有内府第一署的地位，前身是吴元年（1367）九月设立的内使监，秩正四品③，洪武十七年（1384）四月改为内官监④，不仅负责侍奉皇帝，具有"近侍"性质，更执掌内官人事大权、管理章奏在内的架阁文书、总理内府文移，权力极大。后来虽职权发生变化，转向采买物料、造办器物、营建工程，"凡国家营建之事，董其役"⑤，相当于内府之工部，其内官第一署的地位也被司礼监取代。但后期司礼监文书房的内官均要改内官监衔，司礼监官外差也必自内官监借衔，都证明了内官监的"清贵"。

内官监虽属清要，于政事却没有多少实权。而且罗详在成化后期升任从四品的内官监右少监后，就陷入了升迁"瓶颈"，根据墓志记载，孝宗在位的18年间，他的职位和品级一直没有变动，"弘治改元，屡蒙恩赉，官职如故。"这也与孝宗敬重文臣，弘治年间内外廷气氛较为祥和、宦官势力未曾过度膨胀有关。武宗登基后，局面很快发生了变化。

2. 列名"八虎"，提督豹房

武宗即位之初，罗详迅速得到了新皇的宠信，"命近侍乾清宫，寻升太监，署惜薪司事。"与外廷官员不同，宦官完全依附帝王存在，差使距离帝王的远近直接决定了他们的地位。《酌中志》中描述"近侍"这一宦官的特殊阶层时写道："圣驾御前，凡每日亲近内臣，自司礼监掌印、秉笔、随堂之次，而名位尊显者，曰乾清宫管事，其第一员或第二员，则提督两司房者也。曰打卯牌子，则随朝捧剑者也。其次曰御前牌子，曰暖殿，则朝夕在侧者也。次曰管柜子，曰人数司房、管掌司房，曰御药房、御茶房，曰管库。又次曰管弓箭，曰擎马，曰尚冠等四执事，则并尚衣、尚履、管净者也。曰带刀，曰报时刻，并大庖厨、宫后苑、班上、吹响器，及钦安殿、隆德殿、英华殿之陈设。

以上皆穿红，近侍也。"⑥近侍往往可以得到破格提拔，获得一步登天的殊荣。"凡御前亲近大臣，乾清宫管事、打卯牌子，其秩亦荣显，犹外廷之勋爵戚臣。然皆得掌各衙门之印，视其宠眷厚薄而钦传异之，不拘资次。"⑦

不难看出，罗详的经历正是近侍升迁的标准模板。罗详被武宗赏识的原因，墓志中以"忠恕"讳饰，事实当然并非如此。明武宗朱厚照即位时刚刚15岁，尚有童心，罗详等宦官每日引小皇帝游戏玩乐，以此博取宠信。史上所谓的"八虎"或"八党"⑧，就是引诱武宗耽于玩乐、荒废政务的八个佞幸内臣。《明史·刘健传》记："刘瑾者，东宫旧竖也，与马永成、谷大用、魏彬、张永、邱聚、高凤、罗祥等八人俱用事，时谓之'八党'。日导帝游戏，诏条率沮格不举。"⑨《明史·韩文传》亦云："青宫旧奄刘瑾等八人号'八虎'，日导帝狗马、鹰兔、歌舞、角抵，不亲万几。"⑩

"八虎"的名单屡见于文臣的弹劾奏章，其最初的出处却是内廷。武宗即位后，围绕着小皇帝，外朝文臣与内廷宦官之间展开了激烈的争夺。宦官每日陪小皇帝玩乐，文官则不断上奏进谏，希望将帝王"导回正途"。到了正德元年（1506）九月，以太监崔杲讨要盐引一事为导火索，双方的矛盾迅速激化。以谢迁、刘健、李东阳三位辅政大臣为首的数十位文臣，联合内廷中不满刘瑾等人的太监李荣、陈宽、王岳等，共同发起了进攻。《明书》记载："至十月，将劾上，会司礼监太监王岳素恶瑾等，密疏瑾、马永成、高凤、罗祥、魏彬、丘聚、谷大用、张永八人示健，乃联章劾请诛之。"⑪这份名单上的八人成为文臣的集火目标。奏疏称其"造作巧伪，淫荡上心，击球走马，教鹰逐犬，俳优杂剧，错陈于前。至导万乘与外人交易狎昵媟亵，无复礼体，日游不足，夜以继之，劳耗精神，亏损志德……"⑫言辞激烈，要求将八人处死。

刘瑾等人闻讯，连夜觐见武宗，伏地大哭，刘瑾以"鹰犬何损万几，若司礼监得人，左班官安敢如是"[13]为言，打动了武宗。外廷辅政大臣三去其二，唯手段温和的李东阳独存，阉党焦芳入阁；内廷王岳、范亨等内官被贬斥，很快被害死，任命刘瑾掌司礼、丘聚（《明史·宦官传》记为马永成）掌东厂、谷大用掌西厂、张永掌管京营，这场争夺帝王的斗争以佞幸们大获全胜而告终。

正德元年十月后，"八虎"除高凤因病谢事，且早在弘治十一年（1498）已晋司礼监太监，故未委以重任[14]外，多相继掌握大权（魏彬在刘瑾当权时掌三千营，瑾败后继掌司礼监）。但罗祥在其后有何际遇，史籍却没有记载。罗祥墓志的发现，为我们揭开了谜底："本年（即正德二年）五月，命提督豹房。"

《武宗实录》记载："正德二年八月丙戌，盖造豹房公廨，前后厅房并左右厢房、歇房。时上为群奸蛊惑，朝夕处此，不复入大内矣。"[15]此后，直到正德十六年（1521）驾崩，武宗大多数时间都居住在这里。在文臣的笔下，武宗在豹房宠幸奸佞，耽于享乐，荒废政事，"群小见幸者，皆集于此"。[16]实际上，在君主专制的政体下，国家的政治中心是随帝王而转移的。正德元年十月的争斗之后，武宗和文官群体陷入一种"相看两厌"的境地，促使小皇帝避开原有的行政体系，在豹房建立起符合自己心意、能够顺利贯彻自己意志的一套班底。豹房在正德年间聚集着宦官、边军、部分依附佞臣以见幸的朝官，以及武宗喜爱的伶官、女婢、番僧各色人等，既是帝王享乐游戏之地，也是他处理朝政、编练军队的场所，甚至使内阁六部处于一种"架空"的状态。正德九年（1514）六月初，盛传武宗为虎所伤，朝廷上议论汹汹，内阁却无从得知消息。寻医用药，亦未经司礼监御药房，而是"或云四夷馆译字官，或云街

市老妪"，在豹房中寻人来治。杨廷和力主面圣，但不光外臣，连司礼监掌印太监萧敬亦难以入见，故力邀谷大用同往。武宗在内侍的劝说下，"乃召萧敬等跪于窗外，语之曰：'我已平复，着他每安心办事。'"圣体的状况方才传至内府外廷。[17]从这件事可以看出，武宗不仅舍弃了以内阁为首的文官体系，连与之相辅相成的司礼监等内府衙门也一并舍弃了，只与"自家人"交流办事，豹房成为实质上的政治中心。能够"提督豹房"的罗祥，必然深受武宗信任宠爱，是无可置疑的心腹之人。

3. 弥留特恩，备极哀荣

正德十年四月二十四日，罗祥忽然得疾，一度危殆。武宗"恐气绝，不闻眷顾之隆"，遂将其名下及家人若干名，或晋升官职，或授与勇士。所谓"名下"，是指宦官而言。《明史》云："内竖初入宫，必投一大珰为主，谓之名下。"[18]刚入朝的小阉，有的由大珰选中，"择其姣好者任意拉去，名曰'拉名下'"[19]，有的由朝廷分派给某内官照管，也有自己择人投靠的，与大珰结成本管—名下关系。刘若愚描述说："中官规矩：本管者，视甲科之大主考；照管老叔者，视房考；同官者，视同门；本管之于名下，照管之于侄子，犹座师之视门生，亦若父子焉。"[20]这是一种十分稳固的关系，本管太监对名下有抚育教导之责，同时，为壮大己方势力，培养政治权力的接班人，也会对名下尽心举荐提拔，"大中官贵，其名下亦贵"[21]，由此形成一个以本管—名下关系为纽带的利益共同体。名下对本管须忠诚孝顺，如子之事父，负责照顾起居，大珰去世后丧事也由名下料理操办，请求赐谥、赐祭、封荫家人等。罗祥的丧葬过程中就有名下太监刘彪等人的参与。

在对家人的恩赏方面，帝王亲近之内官过世，授其家人为勇士，养之以禄，在有明一代是一种例赏。武宗为宽罗祥之心，在其生前即下旨恩恤，可见关爱之

切。还需要指出的一点是，"八虎"中的其他几人，家人均受封高官厚禄，如张永兄富为泰安伯，弟容为安定伯；谷大用兄大宽为高平伯，弟大亮为永清伯；魏彬弟英为镇安伯；马永成兄山为平凉伯，侄钊为都督同知；高凤侄得林、荣俱为锦衣卫指挥使。罗详家人的封赏史籍阙载，墓志中也仅言授为勇士。武宗朝恩赏尤滥，世宗即位后，汰除的官校勇士达3万余名[22]。与"同僚"相比，罗详家人的职衔就显得太过寒酸了。这可能与罗详"自幼失父母兄弟，孑然独立""乡贯谱系散漫，无可考"有关，所谓家人或许血缘关系并不接近，彼此间的交往也不甚密切。

罗详去世后，武宗重加哀悼，赐祭七坛，命有司造坟安葬，"斋粮麻布丧礼之用，举皆优异"，并委派颇得圣宠的御马监太监张忠董理丧事，谕祭再三，可谓备极哀荣。明代廷臣三品以上方有祭葬之例，四品有祭而无葬，赐葬属于特恩。"正德六年例，凡三品官曾经考满者祭一坛，全葬；未经考满者祭一坛，减半造葬；赠尚书者祭二坛。"[23]太监官秩至高不过四品，依制朝廷不会为之营葬，赐祭也不应有七坛之多。武宗给予罗详的丧仪远比他本身的官品更为隆重，规格也更高。这固然由于武宗时内官丧葬本就比前朝花费更多，正德十二年（1517）五月己丑，工部言："太监等官病故，成化、弘治间造坟安葬，给银不过五十两。若连享堂、碑亭者，百无一二。自正德以来，奉特旨造建者无月无之，率给银五百两"[24]，超出前朝十倍。而主要原因还是帝王本身的情感因素，罗详作为心腹近侍，在武宗心中的地位非比寻常，故而丧葬规格远超常制。

为罗详董理丧事的太监张忠，也是正德年间一个重要的内官。张忠为霸州人，豹房近侍，与司礼监张雄、东厂张锐并侍豹房用事，时号"三张"，"性皆凶悖"。宁王朱宸濠反叛，张忠力劝武宗亲征，在王守仁等平叛之后，为讨好武宗，又提出将已被擒获的宁王纵入鄱阳湖，"待帝自战"。及归，武宗驾崩，世宗用御史王钧等言，将张忠发往孝陵卫充军。[25]

三、墓志撰书人

罗详墓志由臧贤撰文，张明师书丹，傅亨篆额，这个组合应该说是比较少见的。内官虽为文臣清流所不齿，但由于有明一代的特殊制度，内廷实与外朝相辅相成，共参政事，内官与士大夫的关系也较其他朝代更为复杂和密切。明代内官倾向于寻求有名望的文官为其作志，在京且位高权重者更多求得阁臣撰文、勋贵书丹或篆额。不能请到内阁大学士的，又以请翰林院官员撰文居多。[26]如正德七年（1512）去世的高凤，墓志由大学士李东阳撰文，少保、礼部尚书田景贤书丹，英国公张懋篆额。但罗详墓志的撰文人臧贤，却是一个佞臣。

臧贤在题款处自称为"供奉官"，实为自我美化。这一官称为唐时古语，指侍奉皇帝左右之近臣，中书、门下两省自尚书以下，皆称为供奉官[27]。臧贤却是教坊司乐官，伶官之职不好形诸贞珉，附会"供奉官"以代之。武宗通晓音律，对戏曲演出兴趣浓厚。豹房初建，便将各地乐工大量调往京师，沈德符言："伶官之盛，莫过正德"[28]，臧贤就是伶官中宠遇最深者。他颇解音律，能作小词，频繁出入豹房，"赏赉钜万，赐以飞鱼服，起甲第，僭拟王侯"。武宗甚至还派他前往泰山祭祀碧霞元君以求子，"官吏迎候皆望尘拜。至济南，三司出城郊劳之，不知为伶官也。"[29]可谓风光已极。臧贤密受宁王朱宸濠之贿，助其反叛。正德十四年（1519），事情败露，臧贤被处廷杖八十，籍没家产，发配广东驯象卫充军。因串通谋反一事亦有宠臣钱宁参与，钱宁怕暴露自己的罪行，待臧贤行至通州张家湾，便派人将其杀害灭口。

臧贤虽然颇得武宗宠信，家资巨万，气焰嚣张至极，却为文人所鄙弃。史载父亲亡故后，臧贤欲求文人为其撰写墓志铭，却屡屡碰壁，还被人戏弄奚落。"其父卒，求墓志于浙江一主事，不能撰，托一友为之。其间有云：君配某氏，有贤德，三女皆适名族。时人传以为笑。"另有记载云："诡书乡贡进士某撰文，又诡二人书篆刻石，先墓树立时，有司皆往陪谒。"[30]从罗详墓志来看，臧贤也有一定的文采，不见得会因为不通文字而在父亲的墓志文中落下笑话。但他求人为父作志却遭到拒绝，可见其在文人心中的地位之低。

墓志书丹人张明师与篆额人傅亨均为中书舍人。傅亨，《续书史会要》载："字芝山，工小楷篆隶。"[31]可惜志盖未见，无法看到傅亨的篆体书法，实在是一个遗憾。北京石刻艺术博物馆早年收藏有正德四年（1509）《明故诰封太淑人赵（谦）母李氏（能）墓志》一方，题"徵仕郎中书舍人直南董殿姑苏傅亨书""徵

仕郎中书舍人直南董殿云间张明师篆"，记录了二人的另一次合作（图三）。从现存的志底可以看到，傅亨的楷书秀劲潇洒，具有很高的艺术水平。

另外，张明师还可以检索到三通碑志：正德七年《明故坦庵丁公（平）墓志》，同署"徵仕郎中书舍人直南董殿云间张明师篆"（图四）；正德九年《睢阳庙记》，署"仁智殿直徵仕郎云间张明师书篆"；嘉靖二十三年（1544）《萧平墓志》，署"武英殿直鸿胪寺序班华亭张明师书并篆"，可知他三十余年间一直供职宫廷。

明代的中书舍人定秩从七品，善书者可不由部选，直接授官。[33]被明世祖称为"我朝王羲之"的沈度及其弟沈粲，都曾任中书舍人一职。有明一代"中书舍人"构成十分复杂，有中书科舍人、内阁制敕房、诰敕房中书舍人、直南薰殿、仁智殿、文华殿、武英殿中书舍人等，其来源不同，职责各异，地位亦差异巨大。

洪武十三年（1380），明太祖朱元璋废除丞相制，撤中书省，改置中书科，中书舍人由唐宋时参与机密、决断政务的中书省掌权人退居至书办地位。明初，中书科舍人负责官方文件的书写，包括书写诰敕、铁券、制作诏书等一系列的事务。永乐以后，内阁文书大增，仅靠中书科舍人分班入职，已无法满足誊写需要，于是宣德间又陆续设立制敕房、诰敕房，"内阁诰敕房舍人，掌书办文官诰敕，番译敕书，并外国文书、揭帖，兵部纪功、勘合底簿。制敕房舍人，掌书办制敕、诏书、诰命、册表、宝文、玉牒、讲章、碑额、题奏、揭帖一应机密文书，各王府敕符底簿。"[35]

图三 明故诰封太淑人赵母李氏墓志 傅亨书[32]

图四 明故坦庵丁公墓志盖 张明师篆㉟

殿直中书舍人性质又有不同，更强调为帝王服务的近侍性质。"文华殿舍人，职掌奉旨书写书籍。武英殿舍人，职掌奉旨篆写册宝、图书、册页。"㊱南薰殿中书和仁智殿中书是武英殿中书的前身。南薰殿在武英殿之南，凡遇徽号册封大典，阁臣率中书篆写金宝、金册于此，自明初起就是以书画等技巧晋身之侍臣的栖身之所。明初诗人张羽《题山泉隐居图》诗云："日长侍立南薰殿，圣主从容正开卷。内臣如鹄拥图书，诏许近前曾一见。"㊲记录了陪同皇帝在南薰殿观赏书画的场面。《故锦衣卫指挥使徐公（旸）墓志》中记载，正统九年（1444），徐旸"以琴直南薰殿"㊳。目前可以查考的石刻文物中，南薰殿中书舍人题款都集中在成化到正德年间，应当是这一职衔设置存续的时间。仁智殿在武英殿之后，"为中宫受朝贺及列帝列后大行发丧之所……凡杂流以技艺进者，俱隶仁智殿，自在文华殿、武英殿之外。"同样，在正德以后，不见仁智殿中书之名，只署武英殿中书。

自明代早中期开始，随着中书科的书写任务逐渐向两房、两殿转移，进士出身者亦不愿在笔墨庶务中耗费光阴，中书科舍人流转很快。而殿、房中书，"正德以后，科目正途无一人肯屑就者，此官亦以日轻。"㊴特别是西路各殿中书地位更低。后人称仁智殿中书"与工匠为伍……抄写小说杂书，最为猥贱。"改隶武英殿后"属御用监管辖，一应本监刊刻书篆，并屏幛楦角以及鞭扇陈设绘画之事，悉以委之"，被鄙为"杂流窟穴"，"科目清流，无肯预列"，甚至文华殿中书也"忽视武英，不屑与称僚案"。㊵

傅亨与张明师应是因善书而授中书舍人官，未经科举入仕，属于"以杂流技进"者。张明师供职南薰殿、仁智殿、武英殿，侍奉宫廷30余年，一直是书办身份。中书舍人为从七品，嘉靖二十三年所署之衔鸿胪寺序班仅为从九品，可见地位之卑，升迁之难。

由中书舍人承担官员或内侍墓志的书篆工作，在有明一代属于常例。傅亨与张明师二人参与罗详墓志的制作，很可能是出于工作委派，并非因与罗详、刘彪等人有私人交游往来而为之。

四、结语

罗详虽然被列为"八虎"之一，但在史籍中仅具名而已，生平事迹不得而知。罗详墓志的发现填补了史料记载中的空白。罗详自正德二年（1507）五月即出任豹房提督，同年八月，武宗才搬入。豹房不仅是帝王游憩享乐的所在，也是小皇帝处理朝政、编练军队，力图实现自身政治、军事抱负的地方。总理豹房事务的罗详，必然深受帝王信任和重视。而武宗一朝架空外廷，豹房与朝官特别是文官少有政务往来，这或许也是正史中对罗详着墨甚少的原因之一。

墓志撰文人、伶官臧贤圣眷颇深，

频繁出入豹房，自然会与罗详产生交集。罗详将墓志铭的撰写一事委托于他，臧贤在志文中盛赞罗详的信义友爱，二人应当有不浅的私交。为墓志书丹和篆盖的张明师、傅亨，都是以书艺入仕的中书舍人，书写碑志正是本职工作。二人参与罗详墓志的制作，很可能是出于工作委派，并非与罗详、刘彪等人有私人往来。

① 《明史·职官志三》，中华书局，1974年，第1825页。

② ［明］刘若愚：《酌中志·内府衙门职掌》，北京古籍出版社，1994年，第112页。

③ ［明］胡广等纂：《明太祖实录》"吴元年九月丁亥"条，中国台湾"中央研究院"历史语言研究所，1962年，第365页。

④ ［明］胡广等纂：《明太祖实录》"洪武十七年夏四月癸未"条，中国台湾"中央研究院"历史语言研究所，1962年。

⑤ ［明］刘若愚：《酌中志·内府衙门职掌》，北京古籍出版社，1994年，102页。

⑥ ［明］刘若愚：《酌中志·内府衙门职掌》，北京古籍出版社，1994年，127页。

⑦ ［明］刘若愚：《酌中志·内府衙门职掌》，北京古籍出版社，1994年，第94页。

⑧ 史上也有不同的说法，如历仕弘治、正德、嘉靖三朝的陈洪谟在《继世纪闻》中记："逆臣太监刘瑾并马永成、谷大用、魏彬、丘聚、罗祥、张兴七人，皆东宫旧侍御，时称七党。"其中张兴或为张永之误，而没有提到高凤。［明］陈洪谟：《继世纪闻·治世余闻》，载《元明史料笔记丛刊》，中华书局，1985年，第70页。

⑨ 《明史·刘健传》，中华书局，1974年，第4813页。

⑩⑫ 《明史·韩文传》，中华书局，1974年，第4915页。

⑪ ［清］傅维麟：《明书》卷159，载《中国野史集成》，巴蜀书社，1993年，第151页。

⑬ 《明史·宦官传一》，中华书局，1974年，第7787页。

⑭ 《明故司礼监太监高公墓志铭》，载中国文物研究所、北京石刻艺术博物馆：《新中国出土墓志·北京（一）》下册，文物出版社，2003年，第153—154页。

⑮ ［明］许缙等纂：《明武宗实录》卷29，中国台湾"中央研究院"历史语言研究所，1962年，第742—743页。

⑯ ［清］毛奇龄：《武宗外纪》，《四库全书存目丛书》史部第56册，齐鲁书社，1996年，第616页。

⑰ ［明］杨廷和：《杨文忠三录·视草余录》，《影印文渊阁四库全书》428册，中国台湾商务印书馆，1986年，第805—806页。

⑱ 《明史·宦官传二·张鲸传》，中华书局，1974年，第7804页。

⑲㉑ ［清］陈僖：《燕山草堂集·东厂·附中官进身》，《四库未收书辑刊》第8辑第17册，北京出版社，1997年，第570页。

⑳ ［明］刘若愚：《酌中志·客魏始末纪略》，北京古籍出版社，1994年，第68页。

㉒ ［明］陈经邦等纂：《明世宗实录》"嘉靖四年五月甲戌条"，中国台湾"中央研究院"历史语言研究所，1962年，第1284页。

㉓ ［明］申时行等：《大明会典》，《续修四库全书》790册，上海古籍出版社，2002年，第50页。

㉔ ［明］许缙等纂：《明武宗实录》"正德十二年五月己丑条"，中国台湾"中央研究院"历史语言研究所，1962年，第2901—2902页。

㉕ 张忠生平参见《明史·宦官传一》，中华书局，1974年，第7795页。

㉖ 为内官及其亲属作志者虽然在明代士大夫中屡见不鲜，但多为当事人隐晦不提，文集中也罕有收录。杨一清因为张永撰写墓志铭，被政敌攻讦，以致疽发于背，死不瞑目。当然，杨一清的离朝和削籍在世宗即位之初，帝权、相权斗争的成分居多，而为太监作志竟可以成为处置的借口之一，可见这件事在明代文人中虽然常见，但并不是一件光彩的事。

㉗ 《旧唐书·职官二》，中华书局，1975年，第1819页。

㉘ ［明］沈德符：《万历野获编·释道·乐工道士之横》，中华书局，1997年，第700页。

㉙ ［明］许缙等纂：《明武宗实录》"正德十三年六月辛未条"，中国台湾"中央研究院"历史语言

研究所，1962年，第3127—3128页。

㉚［明］佚名：《九朝谈纂·武宗》，《四库全书存目丛书》子部152册，齐鲁书社，1995年，第675、694页。

㉛［明］朱谋垔：《续书史会要》，《影印文渊阁四库全书》第814册，第824页。

㉜中国文物研究所、北京石刻艺术博物馆：《新中国出土墓志·北京（一）》上册，文物出版社，2003年，第164页。

㉝《明史·职官志三》，中华书局，1974年，第1807页。

㉞中国文物研究所、北京石刻艺术博物馆：《新中国出土墓志·北京卷（一）》上册，文物出版社，2003年，169页。

㉟《明史·职官志三》，中华书局，1974年，第1809页。

㊱《明史·职官志三》，中华书局，1974年，第1807—1808页。

㊲［明］张羽：《静庵集》，《影印文渊阁四库全书》1230册，第521页。

㊳［明］倪谦：《倪文僖集》，《影印文渊阁四库全书》1245册，第536页。

㊴［明］沈德符：《万历野获编·内阁·两殿两房中书》，中华书局，1997年，第247页。

㊵［明］沈德符：《万历野获编·内阁·仁智等殿官》，中华书局，1997年，249页。

（作者单位：北京石刻艺术博物馆）

门头沟曹各庄、桥户营B地块唐代墓葬发掘简报

北京市文物研究所

2018年11月，为配合北京市门头沟区曹各庄、桥户营B地块土地一级开发项目（部分）用地建设，北京市文物研究所在前期勘探工作的基础上，对该项目用地范围内的5座墓葬（M1—M5）进行了抢救性发掘，发掘面积111平方米。

发掘区西邻石龙北路，南邻石龙东路，东、北两面均邻其他开发项目地块，中心地理坐标为东经116°07′10.77″、北纬39°54′40.40″（图一、图二）。墓葬位于山前冲积扇上，其北侧和西侧不远处为山脉，东侧和南侧为开阔地。5座墓葬均为竖穴土圹石室墓，墓道南向，墓室皆遭不同程度的盗扰和破坏，但形制保存较为完整，出土器物也较为丰富。现将5座墓葬的发掘情况简报如下。

一、墓葬形制

1. M1

位于发掘区域的西南部，西北邻M2，东北邻M5。开口于现地表①层下，向下打破生土。南北向，方向为175°。平面呈"刀"形，圆角，四壁较规整，内填五花土，土质较硬。为石块所砌墓，由墓道、墓门、墓室组成。墓葬总长7米，宽1.1—3.6米。开口距现地表深0.8米，墓底距现地表深1.6米（图三，照片一）。

墓道：位于墓门南侧，平面呈长方形，墓道开口长2.76米，宽1.1米，底距墓口深0—0.8米。墓道呈斜坡状，坡长3.4米，坡度10°。内填五花土，土质较硬，包含有石块渣、沙粒、小石子等。

墓门：位于墓道与墓室之间，上部破坏较严重，下部为垫土封堵，封门由不规则石块错缝平砌而成，残高0.74米，宽1.1米。

墓室：位于墓道北侧，平面呈长方形，长4.2米，宽3.6米，墓底距开口深0.8米。墓室周壁墙体采用长0.2—0.95米、宽0.2—0.45米、厚0.02—0.09米的不规则石块平铺错缝垒砌而成。残存13—14层，残高0.72米。墓室内有人骨2具，南北向并排放置，保存较差，骨

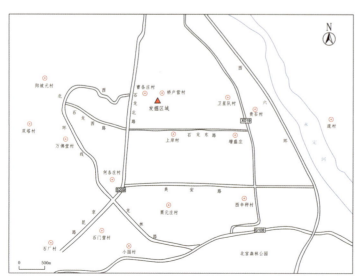

图一 发掘位置示意图

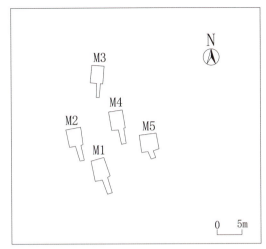

图二 遗迹平面分布图

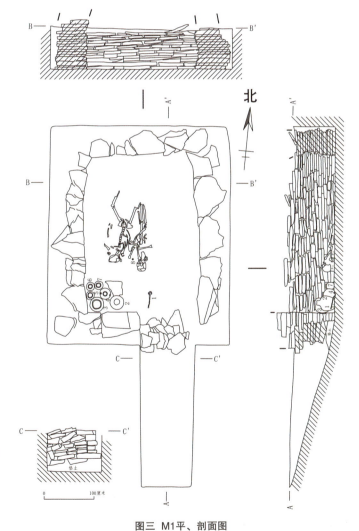

照片一 M1俯视（由北向南）

0.8米。墓道呈斜坡状，坡长3.1米，坡度10°。内填五花土，土质较硬，包含有石块渣、沙粒、小石子等。

架散乱分布，扰动严重，未发现任何棺椁痕迹。西侧人骨头向南，面向北，仰身直肢，骨架残长1.4米，经鉴定性别为女性，年龄在45—50岁。东侧人骨头向南，面向上，仰身直肢，骨架残长1.3米，经鉴定性别为男性，年龄在40—45岁。

2.M2

位于发掘区域的西部，东南邻M1，东邻M4。开口于现地表①层下，向下打破生土。南北向，方向为160°。平面呈"刀"形，圆角，四壁较规整，内填五花土，土质较硬。为石块所砌墓，由墓道、墓门、墓室组成。墓葬总长6.7米，宽0.84—3米。开口距现地表深0.82米，墓底距现地表深2米（图四，照片二）。

墓道：位于墓门南侧，平面呈梯形，墓道开口长3米，宽0.84—1.14米，底距墓口深0—

图三 M1平、剖面图

1.铜勺 2.陶罐 3.双系陶罐 4.双系瓷罐 5.陶罐 6.陶罐 7.陶罐 8.铜钱

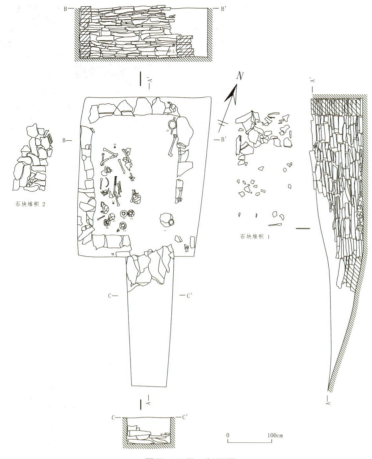

图四 M2平、剖面图
1—6.陶罐 7—8.铜钱 9.凫首铁鐎斗

3. M3

位于发掘区的北部，西南邻M2，东南邻M4。开口于现地表①层下，向下打破生土，南北向，方向185°。平面呈"刀"形，圆角，四壁较规整，内填黄褐色花土，土质较硬。为石块所砌墓，由墓道、墓门、墓室组成。墓葬长6.4米，宽0.6—2.52米。墓口距现地表深0.72米，墓底距现地表深1.3米（图五，照片三）。

墓道：位于墓门南侧，平面为梯形，直壁。开口长2.8米，宽0.6—0.92米，底距墓口深0—0.56米，墓道呈斜坡状，坡长2.88米，坡度6°。内填黄褐色花土，土质较硬，包含有碎石块等。

墓门：位于墓道北侧，破坏较严重，残存土圹宽0.84米，高0.42米，封门用不规则的石块垒砌，残存4块，残高0.28米。

墓室：位于墓门北侧，平面近长方形。墓室长3.9米，宽2.5—2.68米。墓底

墓门：位于墓道与墓室之间，上部破坏较严重，封门由不规则石块错缝平砌而成，残高0.4米，宽1.02米。

墓室：位于墓道北侧，平面呈长方形，长3.68米，宽3米，墓底距开口深1.2米。墓室周壁墙体采用长0.2—0.7米、宽0.2—0.45米、厚0.02—0.08米的不规则石块平铺错缝垒砌而成。残存9—16层，残高0.9—1.24米。墓室内有人骨2具，南北向并排放置，保存较差，骨架散乱分布，扰动严重，部分骨架缺失，未发现任何棺椁痕迹。西侧人骨头向南，面向西南，葬式不详，骨架残长1.3米，经鉴定性别为女性，年龄在30岁左右。东侧人骨头向南，面朝东北，葬式不详，骨架残长1.35米，经鉴定性别为男性，年龄在30—35岁。

照片二 M2俯视（由北向南）

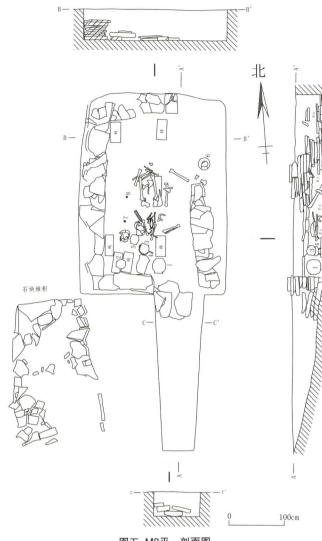

图五 M3平、剖面图
1—3.陶罐 4.兔首铁镶斗 5—6.陶罐 7—8.带铃

距开口深0.58米。墓室周壁墙体采用长0.2—0.72米、宽0.2—0.45米、厚0.03—0.09米的不规则石块平铺错缝垒砌而成，残存10—12层，残高0.4—0.56米。墓室内有人骨2具，南北向并排放置，保存较差，人骨散乱分布，扰动严重，未发现任何棺椁痕迹。西侧人骨头向南，面向西北，葬式不详，骨架残长1.4米，经鉴定性别为女性，年龄在50岁左右。东侧人骨头向南，面向东南，葬式不详，骨架残长1.3米，经鉴定性别为男性，年龄在25—30岁。人骨四周有长条青砖6块，一面素面、一面绳纹，长0.35米、宽0.18米、厚

0.05米（图十，7）。

4. M4

位于发掘区的东部，西北邻M3，东南邻M5，开口于现地表①层下，向下打破生土，南北向，方向165°。平面呈"刀"形，四壁较规整，内填黄褐色花土，土质较硬。为石块所砌墓，由墓道、墓门、墓室组成。墓葬长6.62米，宽0.9—2.88米，开口距地表深1米，墓底距现地表深1.76米（图六，照片四）。

墓道：位于墓门南侧，平面为梯形，直壁。墓道开口长2.92米，宽0.9—1.2米，底距墓口深0—0.82米。墓道呈斜坡状，坡长3米，坡度10°。墓道内填黄褐色花土，土质较硬，包含有碎石块等。

墓门：位于墓道北侧，残存土圹宽1.14米，高0.8米，封门用不规则石块错缝平砌封堵，残高0.78米。

墓室：位于墓门北侧，平面近长方形。墓室长3.62米，宽2.6米，墓底距开口深0.74米。墓室周壁墙体采用长0.2—1米、宽0.2—0.45米、厚0.03—0.09米的不规则石块平铺错缝垒砌而成，四壁保存较完整。残存9—14层，残高

照片三 M3俯视（由北向南）

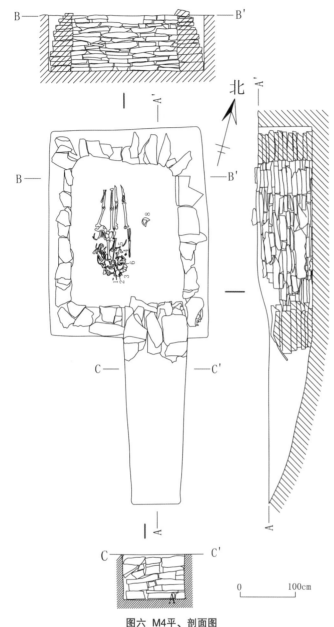

图六 M4平、剖面图

1.铜发钗　2.铜钱　3.瑞兽葡萄镜　4、6—7.带銙
5.带扣　8.瓷碗

0.6—1.1米。墓室内有人骨2具，南北向并排放置，保存较差，未发现任何棺椁痕迹。西侧人骨头向南，头部被扰动，面向不详，葬式为仰身直肢，骨架残长1.64米，经鉴定性别为女性，年龄在20—25岁。东侧人骨头向南，面向不详，葬式为仰身直肢，骨架残长1.58米，经鉴定性别为男性，年龄在30岁左右。

5.M5

位于发掘区域的东部，西北邻M4。开口于现地表①层下，向下打破生土。南北向，方向为187°。平面呈"甲"字形，四壁较规整，内填五花土，土质较硬。为石块所砌墓，由墓道、墓门、墓室组成。墓葬总长4.56米，宽1—3.5米。开口距现地表深0.8—1.1米，墓底距现地表深1.7米（图七，照片五）。

墓道：位于墓门南侧，平面呈长方形，墓道开口长1.6米，宽1米，底距开口深0—0.52米。墓道呈斜坡状，坡长1.74米，坡度20°。内填五花土，土质较硬，包含有石块渣、沙粒、小石子等。

墓门：位于墓道与墓室之间，破坏较严重，仅剩1块封门石块，封门土圹高0.48米，宽1.04米。

墓室：位于墓道北侧，平面呈长方形，墓室长3米，宽3.5米，墓底距开口深0.96米。墓室周壁墙体以长0.2—0.8米、宽0.2—0.35米、厚0.03—0.09米的不规则石块平铺错缝垒砌而成。残存10—16层，残高0.54—0.96米。墓室内有人骨2具，东西向并排放置，保存较差，骨架散乱分布，扰动严重，部分骨架

照片四　M4俯视（由北向南）

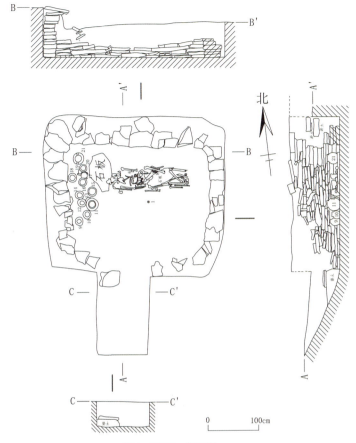

图七 M5平、剖面图
1.铜钱 2—5、7—8.带铃 6.铊尾 9—12、14—16、18、20.陶罐 13.器盖 17.兔首铁鐎斗 19.铜勺 21.双系陶罐

缺失，未发现任何棺椁痕迹。南侧人骨头向西，面向南，葬式不详，骨架残长1.3米，经鉴定性别为女性，年龄在45岁左右。北侧人骨头向西，面向东北，葬式不详，骨架残长1.35米，经鉴定性别为男性，年龄在45岁左右。

二、出土遗物

这批墓葬虽经盗扰，但残存的随葬器物有部分放置仍较整齐，排列有序。出土的随葬器物共计64件，大部分为明器，少量为实用器，包括陶器27件、瓷器2件、铜器18件、铁器3件及铜钱14枚。所出陶器均为明器，以泥质灰陶为主，制法以轮制为主；金属器以实用器为主，部分为明器。

1.陶器

陶罐27件。分为四式。

Ⅰ式1件。M1：2，泥质灰陶，轮制，口沿部残。直口，束颈，溜肩，弧腹，腹部最大径偏向中上部，下部内收，平底。通体较高，素面，胎较薄，口径9.5厘米、底径14.3厘米、腹径30厘米、通高40厘米（图八，6；照片六）。

Ⅱ式2件。双系陶罐，轮制，侈口，圆唇，矮领，双系位于肩上部两端，溜肩，弧腹，腹部最大径在中上部，平底，通体较高，素面。M1：3，双系已残，泥质灰褐陶，口径17厘米、底径15.5厘米、腹径27厘米、通高33.5厘米（图八，11）；M5：21，泥质灰陶，双系较大，系上刻一道竖凹弦，口径16厘米、底径11.7厘米、腹径24厘米、通高27厘米（图八，1；照片七）。

Ⅲ式23件。形制相近，大小各异。泥质灰陶，轮制，侈口，折沿，短束颈，圆肩，鼓腹，腹部最大径在中上部，下腹内收于底，平底。M1：7，圆唇，腹下有数周轮弦痕，口径10.8厘米、底径8.2

照片五 M5俯视（由北向南）

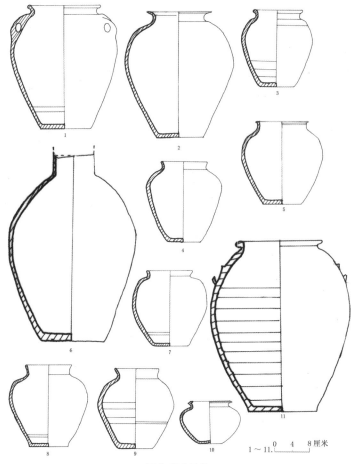

图八 出土遗物
1、11.双系陶罐（M5：21、M1：3） 2—10.陶罐（M3：1、M1：7、M5：9、M5：15、M1：2、M3：2、M5：15、M5：14、M5：20）

厘米、腹径16.2厘米、通高16.9厘米（图八，3）；M3：1，尖唇，口径14.3厘米、底径10.7厘米、腹径24厘米、通高26.8厘米（图八，2；照片八）；M3：2，尖唇，口径10厘米、底径8.1厘米、腹径16厘米、通高16.6厘米（图八，7）；M5：9，尖圆唇，口径10.5厘米、底径7.6厘米、腹径16.2厘米、通高17.8厘米（图八，4）；M5：11，圆唇，有盖，口径14.4厘米、底径14.3厘米、腹径26.7厘米、通高26.3厘米、器盖直径14.4厘米（图九，1）；M5：12，尖圆唇，腹下有数周轮弦痕，口径10厘米、底径8.6厘米、腹径17.4厘米、通高17.8厘米（图八，8）；M5：14，尖圆唇，腹下有数周轮弦痕，口径9.7厘米、底径7.8厘米、腹径17.8厘

米、通高16.8厘米（图八，9）；M5：15，尖圆唇，口径11.8厘米、底径8.7厘米、腹径18厘米、通高17.8厘米（图八，5）。

Ⅳ式1件。M5：20，泥质灰陶，轮制。子母口，折沿，圆唇，短束颈，圆肩，弧腹，平底，素面，厚胎。口径9.8厘米、底径5.5厘米、腹径14.5厘米、通高9.5厘米（图八，10；照片九）。

2. 瓷器

双系瓷罐1件。M1：4，侈口，矮领，圆唇，圆肩，肩部两端各有一系，已残，鼓腹，腹部最大径在器身中部，下腹内收于底，平底。红褐胎，质厚重，口至腹部施酱釉，下腹部至底无釉。口径8.8厘米、底径10.4厘米、腹径18厘米、通高21.8厘米（图九，2；照片十）。

瓷碗1件。M4：8，残，敞口，圆唇，弧腹，平底饼形足，橘红褐胎，质厚重，内部和口沿施黄釉，外壁下部无釉，釉下覆化妆土，露胎处轮痕清晰。口径15.5厘米、底径6.8厘米、高8厘米（图九，3；照片十一）。

3. 铜器

铜勺2件。形制相近，大小有异。

照片六 陶罐（M1：2）

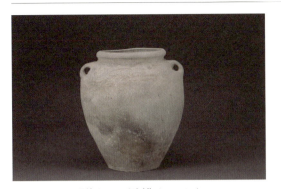

照片七 双系陶罐（M5：21）

照片十 双系瓷罐（M1：4）

照片八 陶罐（M3：1）

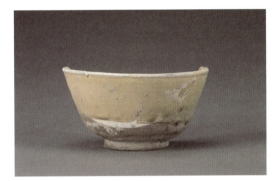

照片十一 瓷碗（M4：8）

照片九 陶罐（M5：20）

照片十二 铜勺（M5：19）

M5：19，器身呈半球形，敞口，深弧腹，圆底，口沿一侧有条状长柄，柄断，断面呈扁平条状，勺口径7.2厘米、腹深2.8厘米，残柄长18厘米、宽0.9—1.4厘米（图九，4；照片十二）。

瑞兽葡萄镜1件。M4：3，略有破损，表面锈蚀，圆形，窄缘。蟾蜍形钮，镜背纹饰被一周凸棱分为内外两区，内区饰四个姿态各异的瑞兽，伏地昂首，形态丰腴，绕中心钮同向奔驰攀援在茂密的葡萄枝叶和累累的果实中；外区有数只长尾鸟，或静卧在葡萄蔓枝上，或嬉戏于葡萄

照片十三 铜镜（M4：3）

叶实中；边缘饰一周祥云纹。直径9.5厘米、边缘厚0.9—1厘米，重291.2克（图

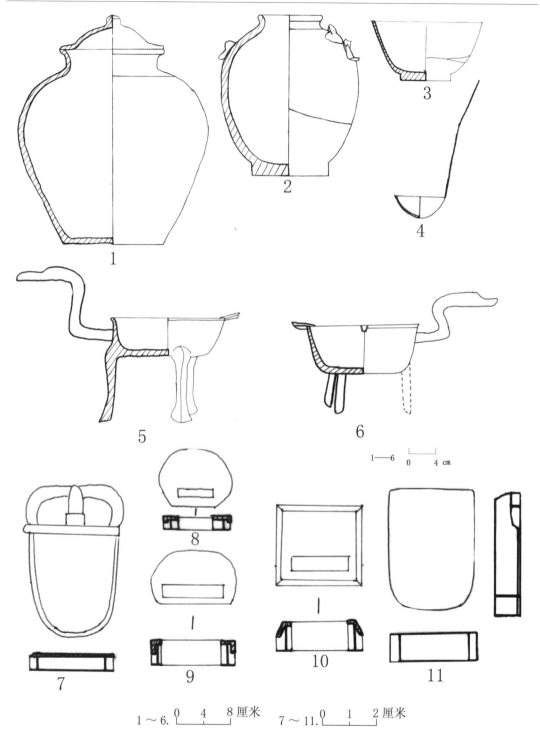

图九 出土遗物

1.陶罐（M5：22）和陶罐盖（M5：13）　2.双系瓷罐（M1：4）　3.瓷碗（M4：8）　4.铜勺（M5：19）　5.凫首铁鐎斗（M5：9）　6.凫首铁鐎斗（M5：17）　7.带扣（M4：5）　8.带銙（M3：8）　9.带銙（M5：5）　10.带銙（M5：3）　11.铊尾（M5：6）

十，6；照片十三）。

铜钗2件。M4：1，残为多段，双股叉

形，柄端剖面为圆形，缘起脊。标本双股部分残长8.5厘米、宽1.8厘米。

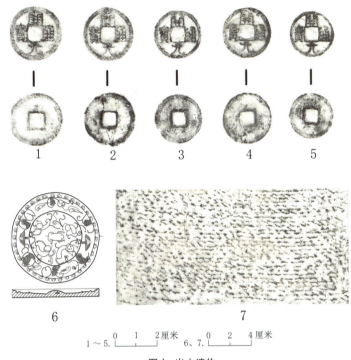

图十 出土遗物
1—5.铜钱拓片（M2:8、M5:1、M4:2-1、-2、3） 6.瑞兽葡萄镜（M4:3）
7.M3绳纹砖上的绳纹拓片

另一端为方形，中间有支钉5个。长4.2厘米、宽3厘米、厚0.9厘米（图九，11）。

铜钱14枚。外圆廓，内方穿，表面锈蚀，钱文楷书"开元通宝"，对读，光背。标本M2：8，郭径2.3、穿径0.7厘米、厚0.1厘米；标本M5：1，郭径2.5厘米、穿径0.7厘米、厚0.1厘米；标本M4：2-1，郭径2厘米、穿径0.6厘米、厚小于0.1厘米；标本M4：2-2，郭径2.1厘米、穿径0.7厘米、厚小于0.1厘米；标本M4：2-3，郭径2.2厘米、穿径0.7厘米、厚0.1厘米（图十，1-5）。

4.铁器

凫首铁鐎斗3件。器沿外折上卷，侈口圆唇，深弧腹，圆底，三足附于外壁，腹壁一端有一卷曲凫首长柄，另一端在口沿处作出锯齿形凫尾花边。M2:9，

带扣1件，M4：5，为铜环与铜片铆制，铜环呈椭圆形，中间有舌针。扣身为长方形，一端略呈半圆形。圆棱。为上、下两铜片铆制，有支钉3个，中间夹皮条，长5.2厘米、宽2.9厘米、厚0.6厘米（图九，7；照片十四）。

带銙11件，分为两式。均为上、下两铜片铆制，中间有3个或4个支钉固定所夹皮条。

Ⅰ式7件。一端方形，另一端略呈半圆形。面上有长条形镂孔。M3：8，长2.6厘米、宽2厘米、厚0.5厘米、镂孔长1.2厘米、宽0.3厘米（图九，8）；M5：5，长3.2厘米、宽1.9厘米、厚0.9厘米、镂孔长2.2厘米、宽0.4厘米（图九，9）。

Ⅱ式4件。呈方形，面上有长方形镂孔。M5：3，长3厘米、宽2.7厘米、厚1厘米、镂孔长2厘米、宽0.5厘米（图九，10）。

铊尾1件，M5：6，为形状相同之两铜片铆制而成，方棱。一端略呈半圆形，

照片十四 铜带扣（M4：5）

照片十五 铁鐎斗（M2：9）

三蹄足，口径16.5厘米、高21厘米、长31.6厘米（图九，5；照片一五）；M3：4，三扁平足，足残，口径15厘米、残高7.5厘米、长27.2厘米；M5：17，口沿一侧有凹槽状的流，圆盆形腹，三扁平足，口径14厘米、长29.6厘米、高17厘米（图九，6）。

三、结语

此次所发掘的5座墓葬形制较为单一，皆为竖穴土圹双棺合葬石室墓。与北京密云大唐庄石室墓如M92[①]、河北北部石室墓如新城M5[②]、陡河水库石室墓[③]，辽宁朝阳地区石室墓如西上台M11[④]、吉林敦化六顶山渤海墓[⑤]形制类似。

随葬品方面，Ⅱ式双系陶罐与大兴新城M5、M7[⑥]出土的双系陶罐类似。Ⅲ式陶罐与昌平白浮村唐墓[⑦]、纪宽墓[⑧]、河北晋县唐墓[⑨]出土的陶罐类似。双系瓷罐（M1：4）与通州次渠唐墓[⑩]出土的瓷罐风格近似。瓷碗（M3：2）与大兴新城M3—M5[⑪]、河北沧县前营村唐墓[⑫]出土的瓷碗相似。凫首铁鐎斗（M2：9、M3：4、M5：19）与北京昌平旧县唐墓[⑬]、通州次渠唐墓[⑭]、辽宁朝阳韩贞墓[⑮]中出土的铁鐎斗近似。铜发钗（M4：1）与昌平旧县唐墓[⑯]中出土的发钗几乎一样，与河北蔚县九宫口唐墓[⑰]中的发钗极为相似。带扣（M4：5）、带铐（M3：8、M5：3）、铊尾（M5：6）与河北蔚县九宫口唐墓[⑱]中出土的几乎一样。铜勺（M5：19）与北京石景山高井村唐墓[⑲]、辽宁朝阳大街M5[⑳]出土的铜勺相似。瑞兽葡萄镜（M4：3）与河南淇县[㉑]出土的铜镜、河北大学博物馆[㉒]、驻马店市博物馆[㉓]馆藏铜镜风格相似，而且全国其他地区也多有此类铜镜的出土，该类铜镜流行于唐高宗时期，以武则天时期最盛，可以说这是盛唐流行的一种典型铜镜。

墓葬中出土铜钱10余枚，虽有锈蚀，但字迹可辨，全为"开元通宝"，但大小形制有别，说明具有一定的时代延续性。综上所述，根据墓葬形制及随葬品，初步推断这批墓葬为唐代早中期的中下级贵族墓葬。

《唐六典》载："河北道，古幽、冀二州之地，今怀、卫、相、洺、邢、赵、恒、定、易、幽、莫、瀛、深、冀、贝、魏、博、德、沧、棣、妫、檀、营、平、安东，凡二十有五州焉。东并于海，南迫于河，西距太行、恒山、北通渝关、蓟门。"[㉔]即唐代河北道所辖范围有今河北、北京、天津、辽宁朝阳和山东西北地区，这些地区地处边区、多民族聚居、中原文化与边族文化交融，中央政权掌控并不十分强力，民族性明显。

"墓的四壁用石板砌筑，有墓道、墓门，这种形制的墓葬多受魏晋辽阳墓葬的影响。"[㉕]北京地区的唐墓与西安地区及南方地区的唐墓有地区性的差异，而与辽宁朝阳地区的唐墓在形制上有许多相似之处。这批墓葬虽为石室墓，但墓室修建为圆角长方形，与北京地区唐代的砖室墓相近，可以说兼有北京与辽宁朝阳两个地区的风格，从建材和墓室结构反映出了地方民族特点。

此外，"大唐制，诸葬不得以石为棺椁及石室。"[㉖]位于唐代边塞地区的幽州，少数民族众多，墓葬等级制度比较混乱，墓主使用了比自己官品等级高的墓葬形制，说明墓主当时在幽州地区有较高的政治地位；也可能墓葬的形制与等级关系不大，僭越现象严重。

这批墓葬的发掘，使一直以来薄弱的北京地区唐代考古资料丰满起来，对研究北京地区唐代墓葬的形制与结构、唐代社会形态及丧葬习俗提供了重要证据。

发掘：韩鸿业 孙峥
器物摄影：王宇新
绘图：封世雄
执笔：韩鸿业

①北京市文物研究所：《密云大唐庄：白河流域古代墓葬发掘报告》，上海古籍出版社，2010年。

②河北省文物研究所：《石太高速公路北新城南海山墓区发掘报告》，载《河北省考古文集》，东方出版社，1998年。

③河北省文物管理委员会：《唐山市陡河水库汉、唐、金、元、明墓发掘简报》，《考古通讯》1958年第3期。

④辽宁省博物馆文物队：《辽宁朝阳隋唐墓发掘简报》，《文物资料丛刊·6》，文物出版社，1982年。

⑤王承礼：《敦化六顶山渤海墓清理发掘记》，《社会科学战线》1979年第3期。

⑥⑪北京市文物研究所：《大兴新城北区12号地唐代墓葬发掘简报》，《文物春秋》2010年第4期。

⑦北京市文物工作队：《北京昌平白浮村汉、唐、元墓葬发掘》，《考古》1963年第3期。

⑧北京市文物研究所：《北京近年发现的几座唐墓》，《文物》1992年第9期。

⑨石家庄地区文物研究所：《河北晋县唐墓》，《考古》1985年第2期。

⑩⑭北京市文物研究所：《北京通州次渠唐金墓发掘简报》，《文物春秋》2015年第1期。

⑫沧州市文物保护管理所、沧县文化馆：《河北沧县前营村唐墓》，《考古》1991年第5期。

⑬⑯⑲北京市文物工作队：《北京市发现的几座唐墓》，《考古》1980年第6期。

⑮朝阳地区博物馆：《辽宁朝阳唐韩贞墓》，《考古》1973年第6期。

⑰⑱蔚县博物馆：《河北蔚县九宫口唐墓》，《考古》1993年第8期。

⑳李新全：《朝阳市朝阳大街唐墓清理报告》，《辽海文物学刊》1997第1期。

㉑王小运：《河南淇县发现唐海兽葡萄镜》，《考古》1987年第10期。

㉒邵凤芝：《两件馆藏唐代海兽葡萄镜》，《四川文物》2010年第2期。

㉓刘文明：《熔铸的盛唐文化——驻马店市博物馆藏唐代铜镜撷英》，《文物鉴定与鉴赏》2015年第8期。

㉔〔唐〕李林甫等：《唐六典》卷三《尚书户部》，中华书局，1992年。

㉕中国大百科全书总编辑委员会《考古学》编辑委员会、中国大百科全书出版社编辑部：《中国大百科全书·考古学》"辽阳魏晋墓"条，中国大百科全书出版社，1986年。

㉖〔唐〕杜佑：《通典》卷八五"棺椁制"条，中华书局，1988年。

丰台大红门唐、元代墓葬发掘简报

北京市文物研究所

　　大红门旧村改造项目二期（DHM—08、DHM—10地块）位于北京市丰台区南四环大红门东桥西北侧，北距凉水河约300米，南邻南四环中路（图一）。为配合项目建设，2018年3月，北京市文物研究所对该地块进行了考古勘探，在地块北部发现3座唐代墓葬（M1—M3）和1座元代墓葬（M4），随之对其进行了考古发掘。现将4座墓的发掘情况简报如下。

图一　发掘位置示意图

一、唐代墓葬

　　3座，编号为M1、M2、M3，均为竖穴土圹砖室墓。

　　M1　位于发掘区中北部，南邻M2。墓口距地表深2米，墓底距墓口深1.14米，为青砖砌制的穹隆顶单室墓，平面呈"甲"字形。南北向，方向200°。墓长8.44米，宽0.84—3.74米，由墓道、墓门、甬道、墓室四部分组成（图二、照片一）。

　　墓道位于墓门的南侧，平面呈梯形。口上下同宽，长3.32米，宽0.84—1.04米，深0.2—1.14米，坡面较平。内填五花土，土质较硬。

　　墓门位于墓道的北侧，和甬道相连。宽1.06米，进深0.45米，残高0.78—1.14米。墓门顶部已无存，从残存现状推断，顶部应有门楼，由于破坏严重，门楼中部已塌落无存，仅残留东西两端底部，墓门形制用青砖两平一立砌制。

　　甬道位于墓门的北侧，和墓门相连，平面呈长方形，砖结构过洞式。宽1.06米，进深0.45米。顶部结构已破坏。

　　墓室位于甬道的北侧，平面呈椭圆形，砖室南北长3.54米，宽2.98米，残高0.78米。墓室顶部已被破坏无存，四壁用带绳纹青砖两平一立砌制。底部有青砖东西向平铺铺地。墓室西部设一棺床，棺床北部破坏无存，推测平面近长方形，南北残长1.4米，东西宽1.48米，残高0.06米。棺床平面用青砖东西向相互错缝平铺。棺床上未见骨架和棺的痕迹。砖单面饰细绳纹，有35×18×6厘米、34×17×5厘米两种规格。墓室内填倒塌杂乱花土和残砖块。出土随葬品有铜镜1件、陶罐2件。

　　铜镜　1件。M1:1，八角葵花形，圆钮，分内外两区。镜背内区双雀双雁相间分布，绕钮一周，其间饰以花枝。外区花制。侈口，圆唇，矮颈，溜肩，弧腹，平底。素面。颈部有两个圆形穿孔。口径8.8厘米、最大腹径16.4厘米、底径8.4厘米、高18.6厘米（图三，2）；M1：3，泥质灰褐陶，夹粗砂。敛口，圆唇，圆弧腹，平底。素面。口径12.4厘米、最大腹径20.4厘米、底径8.9厘米、高13厘米（图三，1）。

M2 位于发掘区中北部，北邻M1。墓口距地表深2米，墓底距墓口深1.34米，为青砖砌制的穹隆顶单室墓，平面呈"甲"字形。南北向，方向185°。墓长7米，宽0.8—3.16米，由墓道、墓门、甬道、墓室四部分组成（图四，照片三）。

墓道位于墓门的南侧，平面呈梯形。口上下同宽，长3.04米，宽0.8—1米，深0.2—1.34米，坡面较平。内填花土，土质较硬。

墓门位于墓道的北侧，和甬道相连。拱券式结构，东西两侧用绳纹青砖两平一立砌制，中间砌券门。东西宽1.7米，残高1.26米。中间门洞宽0.96米，拱脚1.13米，拱高0.5米，进深0.35米。门内用青砖呈"人"字形封堵，墙厚0.35米。

甬道位于墓门和墓室之间，平面呈长方形，砖结构过洞式。宽0.96米，进深0.56米，残高1.06米。东西两边用青砖两平一立砌制。

墓室位于甬道的北侧。平面近椭圆形，砖室南北长2.66米，宽2.36米，残高1.06—1.28米。墓室顶部已破坏无存，四壁用带绳纹青砖两平一立砌制，底部有青砖东西向平铺。墓室的北部设一棺床，形状近半椭圆形，东西长2.36米，宽1.4米，高0.35米。南部用青砖砌制成2个壶门，东西宽0.84米，高0.18米，间

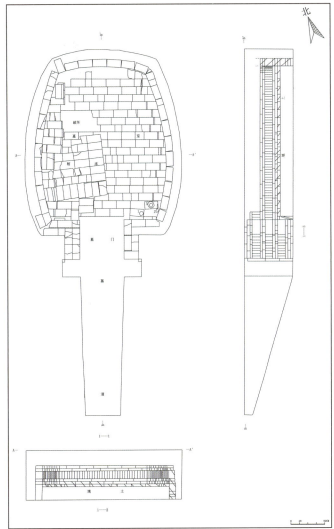

图二 M1平、剖面图

照片一 M1全景

枝与蜜蜂纹饰相间分布。直径10厘米、最大厚0.9厘米、缘厚0.5厘米（图三，3；照片二）。

陶罐 2件。M1：2，泥质灰陶。轮

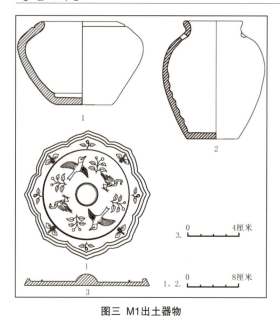

图三 M1出土器物
1、2.陶罐（M1：3、M1：2）3.铜镜（M1：1）

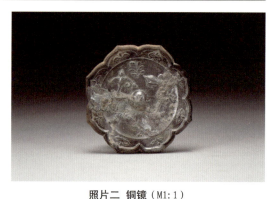

照片二 铜镜（M1：1）

严重，仅存部分口沿和底部，未做修复，形制与M2：3相近。

铁镰斗 1件。M2：5，通体腐蚀严重。器身釜状，敞口、弧腹、圆底，扁状龙首柄上翘，底部饰柱状三足，直径10厘米、腹深约5厘米（图五，1）。

M3 位于发掘区中北部，西邻M4。

距为0.3米。棺床平面用青砖东西向相互错缝平铺，棺床外包边用青砖南北向错缝平砌。棺床上未发现骨架及棺的痕迹。砖单面饰细绳纹，有35×17×6厘米、34×17×5厘米两种规格。墓室内填倒塌杂乱花土和残砖块。出土随葬品有陶罐4件、铁镰斗1件。

陶罐 4件。M2：1，泥质灰褐陶。轮制。敛口，圆唇，矮颈，溜肩，斜弧腹，平底。素面。口径11.4厘米、最大腹径16厘米、底径7.1厘米、高17.8厘米（图五，3；照片四）；M2：2，泥质灰陶。轮制。敛口，圆唇，唇内微曲，矮颈，溜肩，斜弧腹，平底。素面。腹内壁凹弦纹不太明显。口径10.1厘米、最大腹径14.8厘米、底径7.3厘米、高16厘米（图五，4）；M2：3，泥质灰陶。轮制。近直口，方圆唇，矮颈，圆肩，斜弧腹，平底。素面。腹内壁凹弦纹不太明显。口径8.4厘米、最大腹径13.6厘米、底径5.5厘米、高14.8厘米（图五，2）；M2：4，残缺

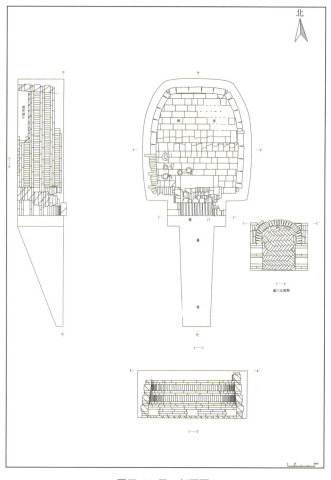

图四 M2平、剖面图

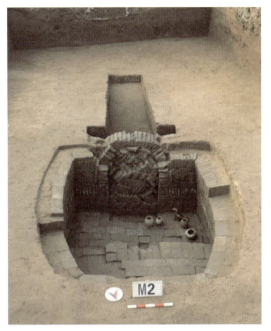

照片三 M2全景

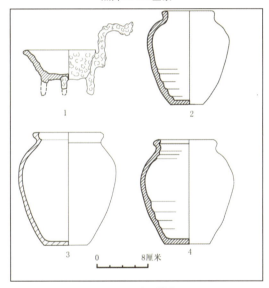

图五 M2出土器物
1.铁镰斗（M2:5）2-4.陶罐（M2:3、M2:1、M2:2）

照片四 陶罐（M2:1）

墓口距地表1.1米，墓底距墓口0.9米，为青砖砌制的长方形竖穴单室墓，平面呈梯形（图六，照片五）。南北向，方向200°。墓长2.58米，宽0.94—1.16米，残高0.24—0.36米。顶部已被破坏。东西两侧壁用带绳纹青砖两平一立叠砌而成，自下而上叠涩渐收。北壁用青砖封堵，南壁中开一门放置随葬品，宽0.2米，进深0.4米，残高0.42米。墓室内有人骨1具，保存较差，头南脚北，仰身直肢葬。砖单面饰细绳纹，规格为35×17×6厘米，墓室内填倒塌杂乱花土和残砖块。出土随葬品有陶罐2件、瓷碗1件、铜钱1枚。

陶罐 2件。M3:1，泥质灰陶。轮制。侈口，圆唇，矮颈，溜肩，斜弧腹，平底。素面。腹内壁凹弦纹不太明显。口径9.4厘米、最大腹径13.6厘米、底径7.2厘米、高15.7厘米（图七，2）；M3:2，泥质灰陶。轮制。侈口，圆唇，矮颈，圆肩，弧腹，平底。素面。腹内壁凹弦纹不太明显。口径10厘米、最大腹径17厘米、

照片五 M3全景

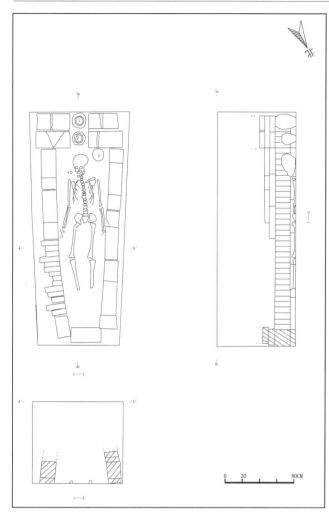

图六 M3平、剖面图

二、元代墓葬

1座，编号为M4，为竖穴土圹砖室墓。

M4 位于发掘区中北部，东邻M3。墓口距地表2.44米，墓底距地表3.1米，为青砖砌制的长方形竖穴单室墓，平面呈"甲"字形。南北向，方向185°。墓长6.5米，宽1.1—3.6米，由墓道、墓门、墓室三部分组成（图八，照片七）。

墓道位于墓门的南侧，平面呈长方形。口上下同宽，长2.9米，宽1.1—1.6米，深0.6—0.66米，稍带坡度。内填花土，土质较硬。

墓门位于墓室的南侧和墓道相连，破坏非常严重，已看不出原有形制结构，仅存东侧用青砖"一平一立"平铺砌成。

墓室位于墓门的北侧，平面近正方形，长3.6米，宽3.4米。由于破坏严重，北壁和东壁残存部分用青砖叠砌而成砖墙，底部用素面青砖"一平一立"平铺。墓室内未见棺床，在东部残存一块已腐朽的棺木底板，未见人骨。该墓用素面砖规格为32×16×6厘米。墓室内填倒

底径7.8厘米、高22.7厘米（图七，3）。

瓷碗 1件。M3：3，乳白色釉，敞口，尖唇，斜弧腹，饼足。素面。口径13.6厘米、足径6厘米、通高4.2厘米（图七，1；照片六）。

开元通宝 1枚，翻骨出。M3：4，圆形，范铸，方穿，有郭，正面"开元通宝"四字，上下、右左对读，光背。钱径2.6厘米、穿径0.6厘米、钱厚0.2厘米（图七，4）。

绳纹砖 1件。采集，模制，泥质灰陶。长方形，正面饰绳纹，背面素面。长35厘米、宽17厘米、厚6厘米（图七，5）。

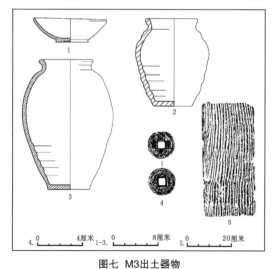

图七 M3出土器物
1.瓷碗（M3：3）2、3.陶罐（M3：1、M3：2）
4.铜钱（M3：4）5.绳纹砖

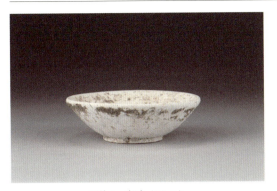

照片六 瓷碗（M3：3）

塌杂乱花土和残砖块。出土随葬品有陶罐3件、陶碗3件、瓷盏1件、陶鏊锅1件、陶豆1件、铜钱1枚。

陶罐　3件。M4：1，泥质灰陶。轮制。敛口，圆唇，弧腹，平底。素面。腹下部饰凹弦纹两周。口径7.2厘米、最大腹径8.2厘米、底径4.2厘米、高7.8厘米（图九，6；照片八）；M4：5，泥质

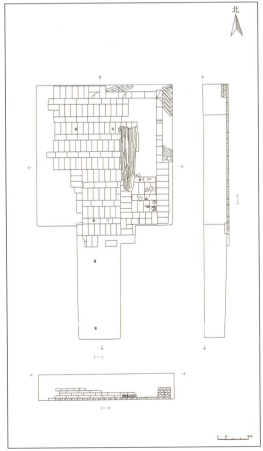

图八 M4平、剖面图

照片七 M4全景

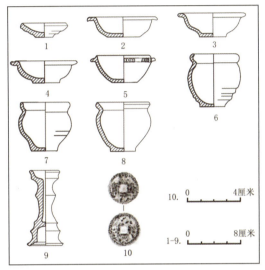

图九 M4出土器物
1.瓷盏（M4：6）2-4.陶碗（M4：2、M4：9、M4：3）
5.陶鏊锅（M4：4）6-8.陶罐（M4：1、M4：5、M4：8）
9.陶灯（M4：7）10.铜钱（M4：10）

照片八 陶罐（M4：1）

灰褐陶。轮制。口微敛，圆唇，颈部内曲，弧腹，近底部内曲，平底。素面。口径7.8厘米、最大腹径8.2厘米、底径4.1厘米、通高7.2厘米（图九，7；照片九）；M4：8，泥质灰褐陶。轮制。敞

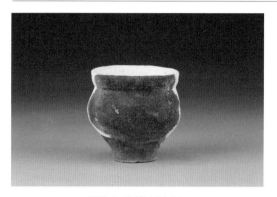

照片九 陶罐（M4:5）

照片十 陶鍪锅（M4:4）

口，尖圆唇，颈部内曲，弧腹，近底部内曲，平底。素面。口径8.2厘米、最大腹径8.4厘米、底径3.8厘米、通高7.3厘米（图九，8）。

陶鍪锅　1件。M4：4，泥质灰褐陶。轮制。口微敛，尖圆唇，弧腹，平底。口部两侧有一对称长条形双耳，和耳部平行饰凸起的三角形及竖向划纹一周。口径8.2厘米、最大外径10厘米、底径4厘米、高4厘米（图九，5；照片十）。

照片十一 瓷盏（M4:6）

瓷盏　1件。M4：6，乳白色釉。敞口，尖圆唇，斜弧腹，平底。素面，器表凹凸不平，制作粗糙。口径7.2厘米、底径2.9厘米、通高2厘米（图九，1；照片十一）。

陶灯　1件。M4：7，泥质灰褐陶。盘口，圆唇，弧腹，柱状柄中部凸起，中空，喇叭状座，座外表有两周凸棱，底座和柄部孔未穿透。口径4.3厘米、底径5.6厘米、通高11.1厘米（图九，9；照片十二）。

照片十二 陶灯（M4:7）

陶碗　3件。M4：2，泥质灰褐陶。轮制。敞口，平沿，方圆唇，微弧腹，平底。素面。口径10.6厘米、底径4.9厘米、高2.8厘米（图九，2）；M4：3，泥质灰褐陶。轮制。敞口，平沿内饰凹槽一周，方圆唇，弧腹，近底部内曲，平底。素面。口径10.5厘米、底径4厘米、高3.2厘米（图九，4；照片十三）；M4：9，泥质灰褐陶。轮制。敞口，平沿，圆唇，弧腹，近底部内曲，平底。

照片十三 陶碗（M4:3）

素面。口径10.6厘米、底径4.4厘米、高3.4厘米（图九，3）。

开元通宝 1枚。M4：10，圆形，范铸，方穿，有郭，正面"开元通宝"四字，上下、右左对读，光背。钱径1.9厘米、穿径0.6厘米、厚0.18厘米（图九，10）。

三、结语

北京地区唐、元时期墓葬发现较多，唐代墓葬形制多相近。3座唐墓没有发现墓志和有明确纪年的器物，其中2座墓出土有"开元通宝"铜钱，只能根据墓葬形制和出土器物特征推断。

四座墓葬均盗扰破坏严重，出土随葬品少，但时代特征鲜明。M1、M2、M3所出陶罐形制与北京亦庄开发区80号地M25[①]、北京亦庄开发区X10号地M3[②]、北京海淀区二里沟唐乾符五年（878）茹弘庆墓[③]及河南洛阳涧西区M772[④]等墓葬出土陶罐大致相同；M3出土白瓷碗与北京亦庄开发区80号地M25[⑤]出土瓷碗较为相似；M1出土铜镜与河南偃师杏园天宝九载（750）M2731[⑥]出土的鸿雁花枝镜形制相同；M4出土陶罐和陶鏊锅与元铁可父子墓和张弘纲墓[⑦]出土器物较为相似；M4出土陶灯与北京石景山区刘娘府元墓[⑧]出土陶灯较为相似；M4出土瓷盏与北京顺义新城第五街区M1[⑨]出土器物较为相似。

M1和M2为墓室平面呈椭圆形的砖室墓，M3为墓室平面呈梯形的砖室墓，这两种形制的墓葬在北京地区唐代墓葬中均有发现。M1形制与北京亦庄开发区80号地M65[⑩]相同；M2形制与北京亦庄开发区新凤河路M15[⑪]、北京亦庄开发区10号地M4[⑫]相同；M3形制与北京亦庄开发区79号地M43[⑬]和丰台区王佐遗址M68[⑭]相同；M4形制与昌平沙河M35[⑮]、顺义新城第五街区元墓[⑯]相同。

综合墓葬形制和随葬器物方面分析，M1—M3年代应在唐代中期前后，M4年代应在元代中晚期前后。近年来北京地区不断发现唐、元时期墓葬，各种相关资料的研究不断增加。大红门唐、元墓葬的发掘清理，进一步丰富了北京地区考古学研究的内容，为研究本地区唐、元时期墓葬形制、分期及其所反映的社会发展、历史文化提供了重要资料。

发掘：孙峥、胡传耸
修复、绘图：刘凤英
摄影：王宇新
执笔：孙峥、于璞、王策

①⑤⑩⑪⑬北京市文物研究所：《北京亦庄考古发掘报告》，科学出版社，2009年。

②⑫北京市文物研究所：《北京亦庄X10号地》，科学出版社，2010年。

③洪欣：《北京近年来发现的几座唐墓》，《文物》1990年第12期。

④洛阳市第二文物工作队：《洛阳涧西区唐代墓葬发掘简报》，《文物》2011年第6期。

⑥中国社会科学院考古研究所：《偃师杏园唐墓》，科学出版社，2001年。

⑦北京市文物研究所：《元铁可父子墓和张弘纲墓》，《考古学报》1986年第1期。

⑧北京市文物研究所：《北京石景山区刘娘府元墓发掘简报》，《考古》2014年第9期。

⑨⑯北京市文物研究所：《北京顺义新城第五街区元墓发掘简报》，《北京文博文丛》2017年第2辑。

⑭北京市文物研究所：《丰台王佐遗址》，科学出版社，2010年。

⑮北京市文物研究所：《昌平沙河——汉、西晋、唐、元、明、清代墓葬发掘报告》，科学出版社，2012年。

北京市房山长阳07街区0029号地块清代墓葬发掘简报

北京市文物研究所

为配合北京市房山区长阳镇07街区0029地块棚户区改造土地开发项目建设，北京市文物研究所在前期勘探的基础上，于2019年12月19日至2020年1月2日，对用地范围内的墓葬进行了考古发掘。该地块位于房山区长阳镇政府东南侧，北邻京良路，东距永定河2000米，南邻高岭村，西邻京深路，其中心地理位置坐标为北纬 39°76′22.92″，东经116°22′20.05″（图一）。此次发掘清代墓葬22座（图二），现将发掘情况简报如下。

一、地层堆积

该区域内堆积比较单一，可分为四层（图三）：

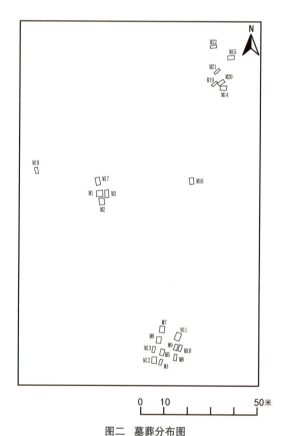

图二 墓葬分布图

①层为近现代垫土层，厚约0.3—0.5米。

②层为沙土淤积堆积层，厚约1.8—2米，相对较纯净。发现的22座墓葬皆开口于该层下。

③层为黑褐色淤土层，厚约0.4—0.6米，土内出土有零星辽金瓷片等。

④层为黄褐色土，厚约0.5—0.7米，土质较致密，略硬，内含零星黑色斑点。

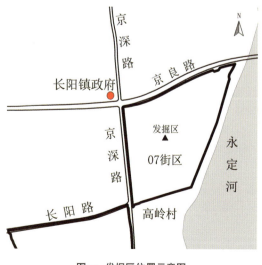

图一 发掘区位置示意图

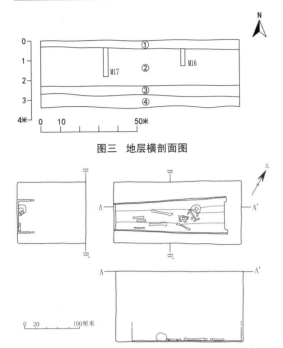

图三 地层横剖面图

图四 M3平、剖面图

二、墓葬形制

此次清理发掘墓葬22座，编号为M1—M22，皆为长方形竖穴土坑墓，其中单棺墓9座，双棺合葬墓13座，共出土各类器物70余件。按质地主要有瓷、银、铜、骨。银器为银戒指、银耳环、银簪、银针、银扁方，铜器为铜钱、铜元、铜簪，瓷器为半釉瓷罐，骨器为骨簪等。

（一）单棺墓

9座。皆为长方形竖穴土坑墓，编号为M3、M4、M8—M10、M17、M18、M21、M22。

M3 位于发掘区的中部，开口于②层下，南邻M2，西邻M1，东西向，方向60°。长方形竖穴土圹单棺墓，四壁垂直整齐，墓底较平。墓圹东西长2.35米，南北宽1.14米，墓口距地表深2.4米，墓底距墓口1.25米（图四）。内填黄褐色花土，土质较疏松。

土圹内葬置单棺，由于腐朽较重仅残存部分棺木，棺长2.05米，宽0.46—0.68米，残高0.25米，板厚约0.02米。棺内

照片一 釉瓷罐（M4：1）

葬置人骨架1具，由于腐朽严重，分布凌乱，头向西、面向东，仰身直肢葬，身高1.25米，男性，年龄约55岁。

随葬品 无。

M4 位于发掘区的东南部，开口于②层下，北邻M5，西邻M12，南北向，方向38°。长方形竖穴土圹单棺墓，四壁垂直，底部较平。墓圹南北长2.4米，东西宽1.1米，墓口距地表2.4米，墓底距墓口0.72米（图五）。内填黄褐色花土，土质较疏松。

土圹内葬置单棺，木质，由于腐朽严重仅存朽痕，棺痕长1.98米，宽0.66—0.76米，残高0.12米，板厚约0.04米。棺

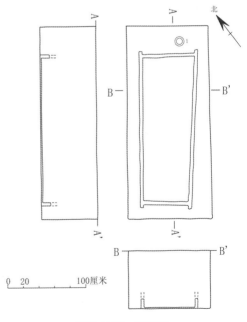

图五 M4平、剖面图
1.釉瓷罐

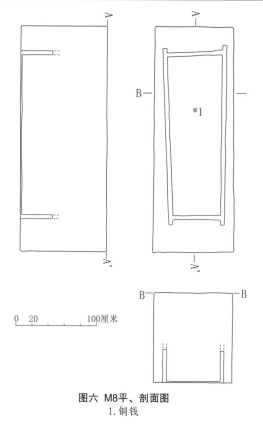

图六 M8平、剖面图
1.铜钱

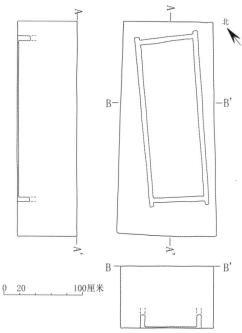

图七 M9平、剖面图

内未发现骨架，初步推断应为迁葬墓。

随葬品 1件。

釉瓷罐 1件。标本M4：1，直口微敞，方圆唇，短束颈，溜肩，鼓腹下斜收，平底，底口外展。红胎，口内及器表豆青釉，不及底，器表肩至腹部印刻"義吉成"三字。口径7.4厘米、腹径10.2厘米、底径6.4厘米、通高9.4厘米（图八，4；照片一）。

M8 位于发掘区的东南部，开口于②层下，北邻M9、M10，南北向，方向10°。长方形竖穴土圹单室墓，四壁整齐较直，墓底较平。墓圹南北长2.71米，宽1米，墓口距地表2.5米，墓口距墓底1.08米，内填五花土，土质疏松（图六）。

土圹放置单棺，木质，腐朽严重，棺痕南北长2.16米，宽0.7—0.8米，残高0.4米，板厚约0.04—0.06米。棺内未发现人骨，初步推断应为搬迁墓葬。

随葬品 铜钱1枚。

宣统通宝 1枚。标本M8：1，方孔圆钱，正面楷书"宣统通宝"四字，对读，钱背穿，左右有纪局名"宝泉"二字。钱径1.9厘米、孔径0.4厘米、厚0.08厘米（图十一，9）。

M9 位于发掘区的东南部，开口于②层下，北邻M11，东邻M10，南邻M8，南

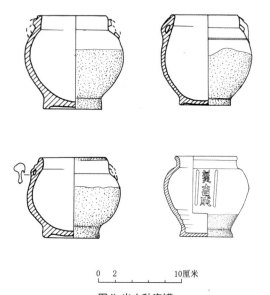

图八 出土釉瓷罐
1.釉瓷罐（M2:1） 2.釉瓷罐（M16:7） 3.釉瓷罐
（M15:8） 4.釉瓷罐（M4:1）

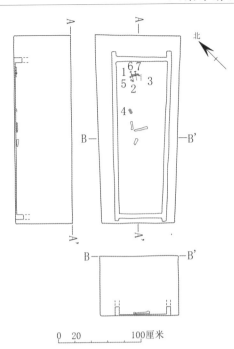

图九 M10平、剖面图
1.银簪 2.银耳环 3.银押发 4.铜钱
5.银簪 6.银簪 7.银簪 8.银耳环

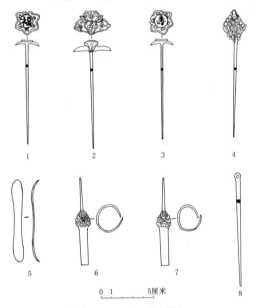

图十 M10、M22出土器物
1.银簪（M10:1） 2.银簪（M10:5） 3.银簪（M10:6）
4.银簪（M10:7） 5.银押发（M10:3） 6.银耳环
（M10:2） 7.银耳环（M10:8） 8.银针（M22:1）

北向，方向40°。长方形竖穴土圹单棺墓，四壁整齐较直，墓底较平。墓圹南北长2.64米，宽1.14—1.28米，墓口距地表2.5米，墓口距墓底深0.76米。内填五花

土，土质疏松（图七）。

墓内葬置单棺，木质，腐朽严重，棺痕南北长2.16米，宽0.8米，残高0.16米，棺板厚约0.05—0.08米。棺内未发现人骨，初步推断应为搬迁墓葬。

随葬品　无

M10　位于发掘区的东南部，开口于②层下，南邻M8，西邻M9，南北向，方向45°。梯形竖穴土圹单棺墓，北宽南窄，四壁垂直整齐，墓底较平。土圹南北长2米，东西宽0.62—0.72米，墓口距地表2.5米，墓底距墓口0.7米。内填黄褐色花土，土质较疏松（图九）。

土圹内葬置单棺，木质，腐朽严重，棺痕长2米，宽0.62—0.72米，残高0.1米，板厚约0.04—0.06米。棺内骨架由于腐朽严重，仅残存零星肢骨。

随葬品　8件，放置于棺内。

银簪　4件。标本M10:1，锈蚀严重，簪首中部圆形内镶嵌"福"字，其下用银片锤揲成六瓣状，六瓣上锤揲花蕾，簪体呈圆锥形。通长9.6厘米（图十，1；照片二）；标本M10:5，簪首用银片锤揲双层，整体呈蝙蝠状，上下层之上锤揲花蕾，上层卷曲，簪体为圆锥状。通长10厘米（图十，2）；标本M10:6，锈蚀严重，簪首中部圆形内镶嵌篆书"寿"字，其下用银片锤揲成六瓣状，六瓣上锤揲花蕾，簪体呈圆锥形。通长9.3厘米（图十，3）；标本M10:7，首顶呈葫芦状，其下用银丝勾连呈六棱状，簪体呈圆锥形，整体似禅杖形。通长11.9厘米（图

照片二　银簪（M10:1）

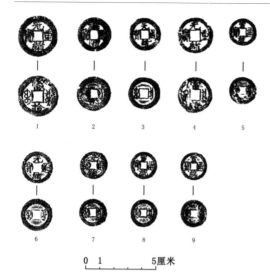

图十一 出土铜钱
1.光绪重宝（M5:1）2.康熙通宝（M19:1）3.光绪通宝（M19:8）4.光绪重宝（M6:7-1）5.宣统通宝（M6:7-2）6.光绪通宝（M20:3）7.光绪通宝（M10:4-1）8.宣统通宝（M10:4-2）9.宣统通宝（M8:1）

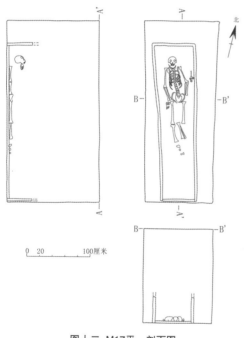

图十二 M17平、剖面图
1.铜钱

银耳环　2件。整体呈"C"形，一端扁平，一端呈圆锥状，中部锤揲成花蕾状。标本M10:2，直径2.5厘米（图十，6）；标本M10:8，残，直径2.2厘米（图

十，7）。

银押发　1件。标本M10:3，锈蚀严重，呈弓形，中部收束，两端较宽呈叶状。通长7.7厘米（图十，5）。

铜钱　2枚。标本M10:4-1，方孔圆钱，正面楷书"光绪通宝"四字，对读，钱背穿，左右有纪局名"宝源"二字。钱径2.35厘米、孔径0.5厘米、厚0.07厘米（图十一，7）；标本M10:4-2，方孔圆钱，正面楷书"宣统通宝"四字，对读，钱背穿，左右有纪局名"宝泉"二字。钱径2.3厘米、孔径0.45厘米、厚0.07厘米（图十一，8）。

M17　位于发掘区的中部，开口于②层下，南邻M1，南北向，方向346°。长方形竖穴单室墓，四壁较竖直，墓底较平。墓圹南北长2.8米，东西宽1.08—1.2米，墓口距地表2.3米，墓口距墓底深1.46米。内填五花土，土质较疏松（图十二）。

墓圹内葬置单棺，腐朽严重，木棺南北长1.96米，宽0.58—0.7米，残高0.4米，棺痕厚约0.04米。棺内葬置人骨架1具，保存一般，头向北、面向上，仰身直

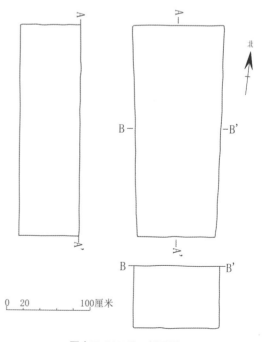

图十三 M18平、剖面图

肢葬，男性。骨架残长约1.5米。

随葬品 无。

M18 位于发掘区的西部，开口于②层下，南北向，方向354°。梯形竖穴土圹单棺墓，北宽南窄，四壁整齐较直，墓底较平。墓底距地表1.22米。墓圹南北长2.46米，宽0.92—1.08米，墓口距地表2.3米，墓口距墓底深0.72米。内填五花土，土质疏松（图十三）。

土圹内未发现人骨及陪葬品。初步推断应为迁葬墓。

M21 位于发掘区的东北部，开口于②层下，南邻M19，东西向，方向228°。梯形竖穴土圹单棺墓，西宽东窄，四壁垂直整齐，墓底较平。土圹东西长2米，南北宽1.16—1.2米，墓口距地表2.3米，墓底距墓口0.6米。内填黄褐色花土，土质较疏松（图十四）。

土圹内葬置单棺，木质，由于腐朽严重仅存朽痕，棺痕长1.75米，宽0.56—0.69米，残高0.24米，板厚约0.03米。棺内葬置人骨架1具，保存较差，头向西，面向不详，骨架由于腐朽严重，分布凌乱，葬式、身高、性别、年龄不详。

随葬品 无。

M22 位于发掘区的东北部，开口于②层下，东南邻M15，东西向，方向252°。长方形竖穴土圹单棺墓，四壁垂直整齐，墓底较平。土圹东西长2.76米，南北宽1.14米，墓口距地表2.2米，墓口距墓底深0.8米。内填黄褐色花土，土质较疏松（图十五）。

土圹内葬置单棺，木质，由于腐朽严重仅存朽痕，棺痕长2.14米，宽0.6—0.8米，残高0.35米，板厚约0.02米。棺内未发现骨架，初步推断该墓为迁葬墓。

随葬品 1件，放置于棺内。

银针 1件。标本M22:1，针首呈圆形，穿孔，针体呈圆锥状。通长10.5厘米（图十，8，照片三）。

（二）双棺合葬墓

13座。皆为长方形竖穴土圹双棺合葬墓，编号为M1、M2、M5、M6、M7、M11—M16、M19、M20。

M1 位于发掘区的中部，开口于②层下，北邻M17，东邻M3，南邻M2，南北向，方向38°。梯形竖穴土圹双棺合葬墓，北宽南窄，四壁垂直整齐，墓底较平。墓圹南北长2.28—2.54米，东西宽1.64—1.88米，墓口距地表2.4米，墓底距墓口深0.7—0.8米。内填黄褐色花土，土质较疏松（图十六）。

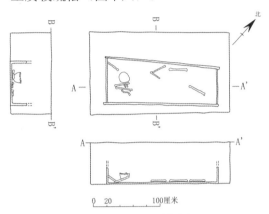

图十四 M21平、剖面图

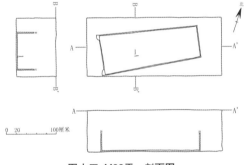

图十五 M22平、剖面图
1.银针

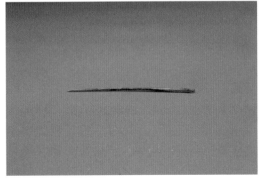

照片三 银针（M22:1）

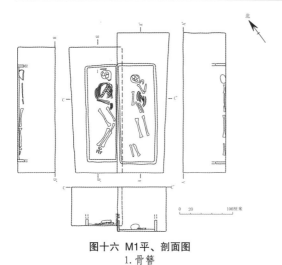

图十六 M1平、剖面图
1. 骨簪

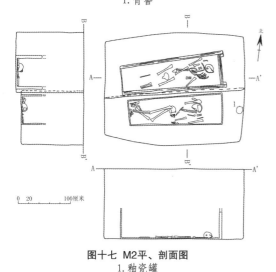

图十七 M2平、剖面图
1. 釉瓷罐

土圹内葬置双棺，其中东棺打破西棺，腐朽严重，仅残存棺痕：东棺长1.82米，宽0.72米，残高0.2米，板厚约0.04米。棺内葬置人骨架1具，保存较差、分布凌乱，头向北、面向不详，仰身直肢葬，身高1.5米，男性，年龄约55岁；西棺长1.76米，宽0.56—0.6米，残高0.12米，板厚约0.04米。棺内葬置人骨架1具，保存较差，头向北、面向东，侧身曲肢葬，身高1.52米，女性，年龄约60岁。

随葬品　1件，放置于西棺内。

骨簪　1件。标本M1:1，簪首雕刻成兽首形，簪体扁平，下部呈尖状。通长8.9厘米（图二十，6；照片四）。

M2　位于发掘区的中部，开口于②层

下，北邻M1，东西向，方向83°。长方形竖穴土圹双棺合葬墓，四壁垂直整齐，墓底较平。墓圹东西长2.7米，南北宽2.08米，墓底距地表2.4米，墓底距墓口1.2—1.3米。内填黄褐色花土，土质较疏松（图十七）。

土圹内葬置双棺，其中北棺打破南棺，腐朽较重，仅残存棺痕：北棺长2.06米，宽0.55—0.67米，残高0.5米，板厚约0.05米。棺内葬置人骨架1具，保存较差、分布凌乱，头向东、面向东，仰身直肢葬，身高1.4米，女性，年龄约55岁；南棺长1.84米，宽0.48—0.6米，残高0.4米，板厚约0.02米。棺内葬置人骨架1具，保存较差，头向东、面向北，仰身直肢葬，身高1.4米，男性，年龄约65岁。

随葬品　1件，置于南棺北端外侧。

釉瓷罐　1件（残）。标本M2:1，敛口，矮颈，溜肩，颈肩处粘贴对称桥形耳，鼓腹弧收，平底内凹。施酱釉，内满釉，外壁施釉不及底，白胎。口径8.4厘米、腹径12厘米、底径7厘米、通高11厘

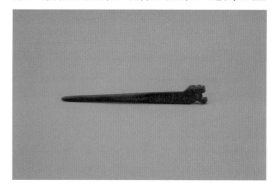

照片四　骨簪（M1: 1）

照片五　釉瓷罐（M2: 1）

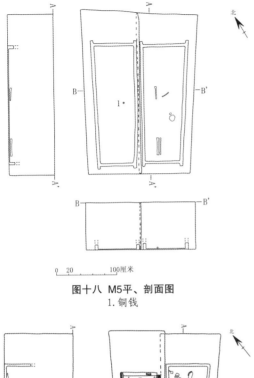

图十八 M5平、剖面图
1. 铜钱

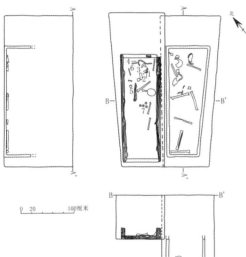

图十九 M6平、剖面图
1. 银簪 2. 银簪 3. 银簪 4. 银簪
5. 银戒指 6. 银押发 7. 铜钱

米（图八，1；照片五）。

M5 位于发掘区的东南部，开口于②层下，南邻M4，西邻M13，南北向，方向30°。梯形竖穴土圹双棺合葬墓，北宽南窄，四壁垂直整齐，墓底较平。墓圹南北长2.62米，东西宽1.68—1.9米，墓口距地表深2.4米，墓底距墓口0.76米。内填黄褐色花土，土质较疏松（图十八）。

土圹内葬置双棺，其中西棺打破东

棺，腐朽严重，仅存木棺朽痕：西棺长1.98米，宽0.74米，残高0.08米，板厚约0.04米。棺内未发现人骨架，仅出土铜钱1枚；东棺长1.94米，宽0.7米，残高0.1米，板厚约0.04米。棺内葬置人骨架1具，保存较差，分布凌乱，仅残存零星肢骨。初步推断应为搬迁墓葬。

随葬品 1件，放于西棺内。

铜钱 1枚。方孔圆钱，外郭较宽，正面楷书"光绪重宝"四字，对读。钱背有"当拾"及满文"宝源"纪局名。钱径2.7厘米、孔径0.8厘米、厚1.2厘米（图十一，1）。

M6 位于发掘区的东南部，开口于②层下，北邻M7，南邻M13，南北向，方向40°。梯形竖穴土圹双棺墓，北宽南窄，四壁较竖直，墓底较平。墓圹南北长2.8米，东西宽1.64—2.1米，墓口距地表2.4米，墓口距墓底深0.8—1.3米。内填五花土，土质较疏松（图十九）。

土圹内葬置双棺，木质，西棺打破东棺，腐朽严重，仅存朽痕：东棺南北长2.02米，宽0.6—0.82米，残高0.5米，棺痕厚约0.04—0.06米。棺内葬置人骨架1具，骨架散乱，保存较差，头向、面向、葬式不详，男性，年龄约55岁；西棺南北长1.96米，宽0.7—0.76米，残高0.2米，棺痕厚约0.04—0.08米。棺内葬置人骨架1具，骨架散乱，保存较差，头向、面向、葬式不详，女性，年龄约50岁。

随葬品 7件，放置于西棺内。

银簪 4件。标本M6：1，簪首中部圆形内镶嵌篆体"寿"字，其下用银片锤揲成六瓣花蕾状，簪体呈圆锥形。通长9.5厘米（图二十，1）；标本M6：2，残，簪首中部圆形内镶嵌篆体"寿"字，其下用银片锤揲成六瓣花蕾状，簪体呈圆锥形。通长9.5厘米（图二十，2）；标本M6：3，簪首用银片锤揲双层，整体呈蝙蝠状，上下层之上锤揲花蕾，上层卷曲，簪体为圆锥状。通长8.8厘米（图二十，3；照片六）；标本M6：4，簪首残缺，簪体呈圆

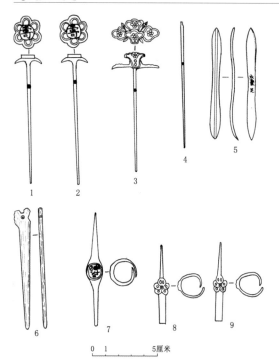

图二十　M1、M6、M14出土器物
1.银簪（M6:1）　2.银簪（M6:2）　3.银簪（M6:3）
4.银簪（M6:4）　5.银押发（M6:6）　6.银簪（M1:1）
7.银戒指（M6:5）　8.银耳环（M14:1）　9.银耳环
（M14:2）

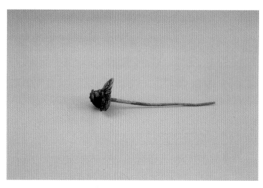

照片六　银簪（M6:3）

锥状，残长9.3厘米（图二十，4）。

银戒指　1件。标本M6:5，用银片锤揲而成，整体呈"○"形，两端呈圆锥状，中部为圆形，其内錾刻"如意"二字。直径2.2厘米（图二十，7）。

银押发　1件。标本M6:6，呈弓形，中部收束，两端较宽呈叶状，正面起一道凸棱，内面錾刻"永聚足"三字。通长8.2厘米（图二十，5；照片七）。

铜钱　4枚（两枚锈蚀严重，字迹不清）。标本M6:7-1，方孔圆钱，正面楷书"光绪重宝"四字，对读。钱背有"当拾"及纪局名"宝泉"二字。钱径2.5厘米、孔径0.65厘米、厚0.1厘米（图十一，4）；标本M6:7-2，方孔圆钱，正面楷书"宣统通宝"四字，对读。钱背有纪局名"宝泉"二字。钱径1.5厘米、孔径0.4厘米、厚0.09厘米（图十一，5）。

M7　位于发掘区东南部，开口于②层下，南邻M6，南北向，方向30°。梯形竖穴土圹双棺合葬墓，北宽南窄，四壁较竖直，墓底较平。墓圹南北长2.35米，东西宽1.5—1.7米，墓口距地表2.4米，墓口距墓底深1.16—1.4米。内填五花土，土质较疏松（图二十一）。

照片七　银押发（M6:6）

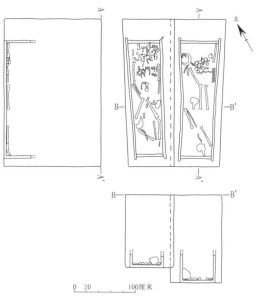

图二十一　M7平、剖面图
1.银耳环　2.银耳环　3.银簪　4.银簪　5.银簪
6.银簪　7.银押发　8.铜钱

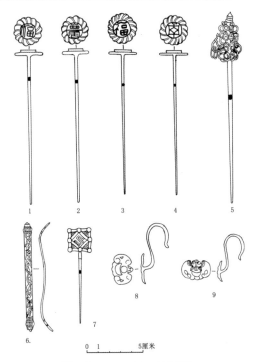

图二十二 M7、M11出土器物

1. 银簪（M7:3） 2. 银簪（M7:4） 3. 银簪（M11:2）
4. 银簪（M11:3） 5. 银簪（M7:5） 6. 银押发（M7:7）
7. 银簪（M7:6） 8. 银耳环（M7:1） 9. 银耳环（M7:2）

照片八 银耳环（M7:1）

土圹内葬置双棺，西棺打破东棺，腐朽严重，仅存朽痕：东棺南北长1.96米，宽0.58—0.7米，残高0.44米，棺痕厚约0.04米。棺内葬置人骨架1具，保存较差，骨架散乱，头向、面向、葬式不详，男性；西棺南北长1.94米，宽0.52—0.62米，残高0.2米，棺痕厚约0.04米。棺内葬置人骨架1具，保存较差，骨架散乱，头向、面向、葬式不详，女性。

随葬品 8件，放置于西棺内北部。

银耳环 2件。标本M7:1（同M7:2，

残），环首用银片锤揲而成，其上錾刻纹饰，整体似蝙蝠状，环体呈S形。通长4.1厘米（图二十二，8；照片八）。

银簪 4件。标本M7:3，簪首呈圆形，内镶嵌"福"字，簪托用银片锤揲成圆形花瓣状，簪体呈圆锥形。通长13.4厘米（图二十二，1）；标本M7:4，簪首呈圆形，内镶嵌篆体"寿"字，簪托用银片锤揲成圆形花瓣状，簪体呈圆锥形。通长13.4厘米（图二十二，2）；标本M7:5，残，首顶呈葫芦状，其下用银丝勾连焊接成六棱状，簪体呈圆锥形，整体似禅杖形。通长10.7厘米（图二十二，5）；标本M7:6，簪首用银丝掐接、焊接而成，呈玲珑状，镂空，簪体呈圆锥形。通长8.4厘米（图二十二，7；照片九）。

银押发 1件。标本M7:7，用银片锤揲而成，呈弓形，两端稍尖，正面錾刻花卉图案，通长9.5厘米（图二十二，6）。

铜钱 3枚。标本M7:8，方孔圆钱，锈蚀严重，字迹不清。

M11 位于发掘区的东南部，开口于②层下，南邻M9，南北向，方向35°。长方形竖穴土圹双棺合葬墓，四壁垂直整齐，墓底较平。墓圹南北长3.5米，东西宽2.1米，墓口距地表2.3米，墓底距墓口1.4—1.8米。内填黄褐色花土，土质较疏松（图二十三）。

土圹内葬置双棺，其中西棺打破东棺，腐朽严重，仅残存朽痕：西棺长1.94米，宽0.62—0.69米，残高0.16米，板厚约0.06米。棺内葬置人骨架1具，保存较

照片九 银簪（M7:6）

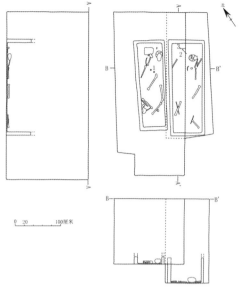

图二十三 M11平、剖面图
1.铜钱 2.银簪 3.银簪

照片十 银簪（M11：2）

差、分布凌乱，头向北，面向、葬式不详，身高1.38米，男性，年龄约60岁，棺内北部发现一板瓦，似为枕头；东棺长2.05米，宽0.76—0.8米，残高0.54米，板厚约0.05米。棺内葬置人骨架1具，保存较差、分布凌乱，头向北，面向、葬式、身高不详，女性，年龄约55岁。

随葬品 3件，分别放置在西棺和东棺内。

银簪 2件。标本M11：2，簪首呈圆形，内镶嵌"福"字，簪托用银片锤揲成圆形花瓣状，簪体呈圆锥形。通长12.5厘米（图二十二，3；照片十）；标本M11：3，簪首呈圆形，内镶嵌篆体"寿"字，簪托用银片锤揲成圆形花瓣状，簪体呈圆锥

形。通长12.5厘米（图二十二，4）。

铜钱 2枚。标本M11：1，方孔圆钱，锈蚀严重，字迹不清。

M12 位于发掘区的东南部，开口于②层下，北邻M13，东邻M4，南北向，方向34°。梯形竖穴土圹双棺墓，北宽南窄，四壁较竖直，墓底较平。墓圹南北长2.6米，东西宽1.82—2.08米，墓口距地表2.3米，墓口距墓底深0.64米。内填五花土，土质较疏松（图二十四）。

土圹内葬置双棺，木质，西棺打破东棺，腐朽严重：东棺南北长2.06米，宽0.58—0.74米，残高0.06米，棺痕厚约0.04—0.06米。棺内未发现人骨架；西棺南北长2.04米，宽0.62—0.64米，残高0.07米，棺痕厚约0.04米。棺内未发现人骨架。初步推断应为搬迁墓葬。

随葬品 3件，放置于东、西棺内北部。

铜钱 1枚（残）。标本M12：1，方孔圆钱，锈蚀严重，字迹不清。

铜元 2枚。锈蚀严重，字迹不清。标本M12：2-1，直径3.1厘米、厚0.2厘米；标本M12：2-2，直径3.15厘米、厚0.11厘米。

M13 位于发掘区的东南部，开口于②层下，北邻M16，东邻M5，南邻M12，东

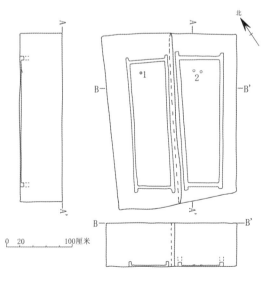

图二十四 M12平、剖面图
1.铜钱 2.铜元

西向，方向70°。梯形竖穴土圹双棺合葬墓，北宽南窄，四壁较竖直，墓底较平。墓圹南北长2.66米，东西宽1.78—2.16米，墓口距地表2.4米，墓口距墓底深0.7米。内填五花土，土质较疏松（图二十五）。

土圹内葬置双棺，北棺打破南棺，棺木腐朽严重：南棺东西长1.92米，宽0.7米，残高0.06米，棺痕厚约0.06米。棺内未发现人骨；北棺东西长1.94米，宽0.62—0.72米，残高0.1米，棺痕厚约0.04—0.06米。棺内未发现人骨。初步推断应为搬迁墓葬。

随葬品　无

M14　位于发掘区的东北部，开口于②层下，北邻M20，东西向，方向256°。梯形竖穴土圹双棺合葬墓，东宽西窄，四壁垂直整齐，墓底较平。墓圹东西长2.3—2.62米，南北宽2—2.12米，墓底距地表2.5米，墓口距墓底深0.62米。内填黄褐色花土，土质较疏松（图二十六）。

土圹内葬置双棺，南棺打破北棺，腐朽严重，仅残存朽痕：南棺长2.03米，宽0.56—0.74米，残高0.34米，板厚约0.04米。棺内葬置人骨架1具，保存较差、分布凌乱，头向西、面向上，仰身直肢葬，女性；北棺长1.86米，宽0.68—0.75米，残高0.4米，板厚约0.04米。棺内葬置人骨架1具，保存较差，头向西、面向下，仰身直肢葬，身高1.72米，男性。

随葬品　2件，放置于南棺内。

银耳环　2件。标本M14：1、M14：2，形制相同，呈C形，用银片锤揲而成，一端呈锥状，一端扁平，中部錾刻成花蕾状，镂空。直径2厘米（图二十，8—9）。

M15　位于发掘区的东北部，开口于②层下，西北邻M22，东西向，方向249°。梯形竖穴土圹双棺合葬墓，西宽东窄，四壁较竖直，墓底较平。墓圹东西长2.8米，东西宽1.8—1.9米，墓口距地表2.3米，墓口距墓底深0.6米。内填五花土，土质较疏松（图二十七）。

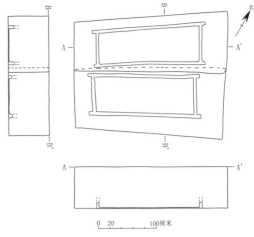

图二十五　M13平、剖面图

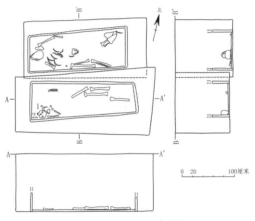

图二十六　M14平、剖面图
1. 银耳环　2. 银耳环

墓圹内葬置双棺，南棺打破北棺，腐朽严重，仅存朽痕：南棺东西长1.78米，宽0.42—0.57米，残高0.15米，棺痕厚约0.04米。棺内葬置人骨架1具，保存较差，骨架散乱，头向西，面向、葬式不详，为男性；北棺东西长1.76米，宽0.56—0.72米，残高0.15米，棺痕厚约0.04米。棺内葬置人骨架1具，保存较差，骨架散乱，头向西，面向、葬式不详，女性。

随葬品　共8件。

釉瓷罐　1件（残）。标本M15：8，敛口，矮颈，溜肩，鼓腹弧收，饼形足内凹。颈肩处粘贴对称双耳，芒口，施酱釉，内满釉，外施釉不及底，灰白胎。口径8.2厘米、腹径11.2厘米、底径

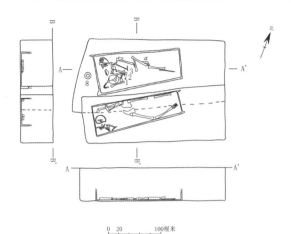

图二十七 M15平、剖面图
1.银簪 2.银簪 3.银簪 4.银簪 5.银簪 6.银簪
7.银耳环 8.釉瓷罐

照片十一 釉瓷罐（M15：8）

6.8厘米、通高9.4厘米（图八，3；照片十一）。

银簪　6件。标本M15：1，残，簪首呈圆形，簪托用银片锤揲成蝙蝠状，其上錾刻花蕾。残长8.6厘米（图二十八，5）；标本M15：2，残，簪首呈倒葫芦形，其上錾刻花卉图案，内空，簪体呈圆锥形，通长10.3厘米（图二十八，6；照片十二）；标本M15：3，残，簪首呈圆形，内镶嵌篆体"寿"字，簪托用银片锤揲而成。通长11厘米（图二十八，3）；标本M15：4，簪体扁平，上部内凹，下部呈尖状，中部偏上处与银片锤揲而成的如意花草纹焊接为一个整体。通长16.7厘米（图二十八，1；照片十三）；标本M15：5，簪首呈圆形，内镶嵌篆体"寿"字，簪体呈圆锥形。通长10.8厘米（图

二十八，4）；标本M15：6，簪首锤揲呈勺状，其下为鎏金玲珑形，簪体呈圆锥形。通长13.2厘米（图二十八，2）。

银耳环　1件。标本M15：7，残，呈C形，用银片锤揲而成，一端呈锥状，一端扁平呈叶状，其上錾刻镂空，中部锤揲花卉图案。直径2.4厘米（图二十八，11）。

M16　位于发掘区的中部偏东，开口于②层下，南北向，方向347°。长方形

照片十二 银簪（M15：2）

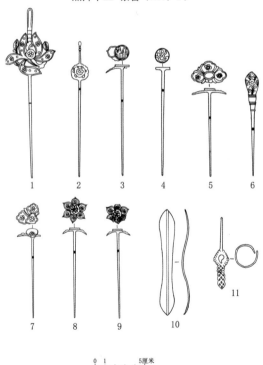

图二十八 M15、M16出土器物
1.银簪（M15:4）2.银簪（M15:6）3.银簪（M15:3）4.银簪（M15:5）5.银簪（M15:1）6.银簪（M15:2）7.银簪（M16:2）8.银簪（M16:4）9.银簪（M16:5）10.银押发（M16:3）11.银耳环（M15:7）

0.04—0.08米。棺内葬置人骨架1具，保存较差，头向北、面向不详，仰身直肢葬，女性。

随葬品　7件，釉瓷罐放于棺外，其余分别放置在西棺和东棺内。

釉瓷罐　1件。标本M16：7，敛口，矮颈，溜肩，鼓腹弧收，饼形足内凹。肩颈处粘贴对称双耳，灰白胎，施酱釉，芒口，内满釉，外施釉不及底。口径8.2厘米、腹径11.2厘米、底径6.2厘米、通高10.6厘米（图八，2；照片十四）。

银簪　3件。标本M16：2，残，似蝙蝠状，用银片锤揲而成，上下两层，上层卷曲，簪面錾刻花卉图案。残长9厘米（图二十八，7）；标本M16：4，残，簪首呈圆形，内镶嵌花蕊形，簪托用银片锤揲錾刻成六瓣花蕾状。通长8.9厘米（图二十八，8；照片十五）；标本M16：5，簪首呈圆形，内镶嵌花蕊形，簪托用银片锤揲錾刻成六瓣花蕾状。通长8.9厘米（图二十八，9）。

银押发　1件。标本M16：3，用银片

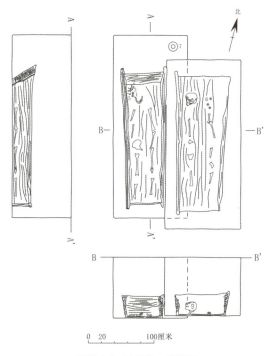

图二十九　M16平、剖面图
1.铜钱　2.银簪　3.银押发　4.银簪　5.银簪　6.铜钱　7.釉瓷罐

照片十三　银簪（M15：4）

竖穴土圹双棺合葬墓，四壁垂直，墓底较平。墓圹南北长2.86米，东西宽1.92米，墓口距地表深2.4米，墓口距墓底深0.86米。内填黄褐色花土，土质较疏松（图二十九）。

墓圹内葬置双棺，东棺打破西棺，腐朽较轻，残存大部分棺木：东棺长2.12米，宽0.66—0.83米，残高0.36米，板厚0.04—0.08米。棺内葬置人骨架1具，保存较差，头向北、面向西，仰身直肢葬，骨架残长1.37米，男性；西棺长2.08米，宽0.56—0.7米，残高0.34米，板厚

照片十四　釉瓷罐（M16：7）

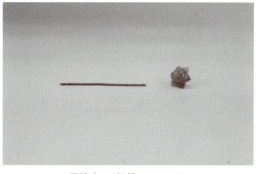

照片十五　银簪（M16：4）

锤揲而成，弓形叶状，两端略宽，中部收束，正面中部有一道凸棱。通长10.4厘米（图二十八，10）。

铜钱　5枚（残）。方孔圆钱，锈蚀严重，字迹不清。标本M16：1，钱径1.8厘米、孔径0.4厘米、厚0.1厘米；标本M16：6，钱径2.4厘米、孔径0.65厘米、厚0.1厘米。

M19　位于发掘区的东北部，开口于②层下，北邻M21，东邻M20，东西向，方向253°。梯形竖穴土圹双棺合葬墓，西宽东窄，四壁垂直整齐，墓底较平。墓圹东西长2.55米，南北宽1.86—1.96米，墓口距地表2.2米，墓口距墓底深1.3—1.4米。内填黄褐色花土，土质较疏松（图三十）。

墓圹内葬置双棺，南棺打破北棺，腐朽严重，仅残存部分棺木：南棺长2米，宽0.55—0.6米，残高0.1米，板厚约0.03米。棺内葬置人骨架1具，保存较差、分布凌乱，头向西、面向北，仰身直肢葬，骨架残长1.56米，男性；北棺长2米，宽0.58—0.63米，残高0.2米，板厚约0.02米。棺内葬置人骨架1具，保存较差，头向西、面向上，仰身直肢葬，骨架残长1.5米，女性。

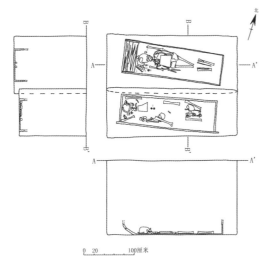

图三十　M19平、剖面图
1.铜钱　2.银簪　3.银扁方　4.银簪　5.银簪
6.银耳环　7.银耳环　8.铜钱

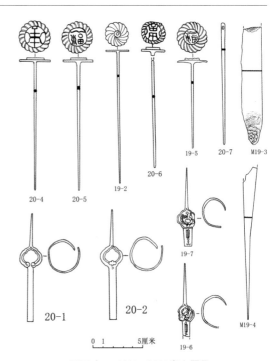

图三十一　M19、M20出土器物
1.银簪(M20：4)　2.银簪(M20：5)　3.银簪(M19：2)
4.银簪(M20：6)　5.银簪(M19：5)　6.银针(M20：7)
7.银扁方(M19：3)　8.银耳环(M20：1)　9.银耳环
(M20：2)　10.银耳环(M19：7)　11银耳环(M19：6)
12.银簪(M19：4)

随葬品　8件，分别放置在南棺和北棺内。

银簪　3件。标本M19：2，簪首用银片锤揲而成，其上錾刻成逆时针葵花形，中部凸起呈圆形，簪体细直呈锥状。通长8.6厘米（图三十一，3）；标本M19：5，残，簪首用银片锤揲而成，其上錾刻成逆时针葵花形，中部凸起残缺，簪体细直呈锥状。通长12.6厘米（图三十一，5）；标本M19：4，残，用银片锤揲而成，簪首残缺，上宽下尖。残长14.2厘米（图三十一，12）。

银扁方　1件。标本M19：3，残，用银片锤揲而成，簪首卷曲，上部錾刻圆形篆书"寿"字，下部錾刻花蕊图案。残宽2厘米、残长11.3厘米（图三十一，7）。

银耳环　2件。残，整体呈C形，一端呈尖状，一端扁平，中部基本呈圆形，其上錾刻花卉图案。标本M19：6，直径2.5—3.2厘米（图三十一，11）；标本M19：7，直径2.3—2.8厘米（图三十一，10）。

铜钱　3枚。标本M19：1，方孔圆钱，外郭略宽，锈蚀严重，正面楷书"康熙通宝"四字，对读，钱背纪局名不清，钱径2.7厘米、孔径0.5厘米、厚0.1厘米（图十一，2）；标本M19：8，方孔圆钱，正面楷书"光绪通宝"四字，对读，钱背穿左右有纪局名"宝泉"二字。钱径2.3厘米、孔径0.6厘米、厚0.1厘米（图十一，3）

M20　位于发掘区的东北部，开口于②层下，南邻M14，西邻M19，东西向，方向272°。长方形竖穴土圹双棺合葬墓，四壁较竖直，墓底较平。墓圹东西长3.3米，南北宽1.5—1.7米，墓口距地表2.3米，墓口距墓底深0.9—1.3米。内填五花土，土质较疏松（图三十二）。

墓圹内葬置双棺，北棺打破南棺，腐朽严重，仅存朽痕：南棺东西长2.27米，宽0.52—0.64米，残高0.15米，棺痕厚约0.04米。棺内葬置人骨架1具，保存较差，骨架散乱，头向西、面向上，仰身直肢葬，女性；北棺东西长2.04米，宽0.5—0.52米，残高0.35米，棺痕厚约0.04米。棺内葬置人骨架1具，保存较差，骨架散乱，头向西、面向北，仰身直肢葬，男性。

随葬品　7件（含铜钱），放置于南北两棺内。

银耳环　2件。用银片锤揲而成，一端尖状，一端扁平，中部呈椭圆形，其上錾刻图案（似为蝙蝠形）。标本M20：1，直径3.3厘米（图三十一，8；照片十六）；标本M20：2，直径3.2厘米（图三十一，9；照片十七）。

银簪　1件。标本M20：4，簪首用银片锤揲而成，其上錾刻成逆时针葵花形，中部凸起呈圆形，内镶嵌"寿"字，簪体细直呈锥状。通长12.4厘米（图三十一，1）。

银簪　2件。标本M20：5，簪首用银片锤揲而成，其上錾刻成逆时针葵花

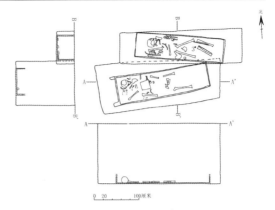

图三十二　M20平、剖面图
1.银耳环　2.银耳环　3.铜钱　4.银簪　5.银簪
6.银簪　7.银针

照片十六　银耳环（M20：1）

照片十七　银耳环（M20：2）

形，中部凸起呈圆形，内镶嵌篆体"福"字，簪体细直呈锥状。通长12.2厘米（图三十一，2）；标本M20：6，簪首用银片锤揲而成，其上錾刻成逆时针葵花形，中部凸起呈圆形，内镶嵌篆体"寿"字，簪体细直呈锥状。残，通长11.2厘米（图三十一，4）。

银针　1件。标本M20：7，用银片锤揲而成，上部扁平，下部呈尖状，针首穿

孔。直径11.6厘米（图三十一，6）。

铜钱　1枚。标本M20：3，方孔圆钱，正面楷书"光绪通宝"二字，对读，钱背穿，左右有纪局名"宝源"二字。钱径2.3厘米、孔径0.6厘米、厚0.1厘米（图十一，6）。

三、结语

此次清理发掘的22座古代墓葬，皆为长方形竖穴土坑墓，其中单棺墓9座、双棺墓13座，分布比较凌乱，排列无规律可循，墓葬形制与北京地区以往发现的明清时期墓葬形制基本相同。

墓葬出土器物中，M6：3及M10内出土的银簪与昌平张营M92：16[①]相似；银簪M7:3、M7:4、M11:2、M11：1与轨道交通大兴线枣园路站M33、M57[②]及昌平张营M20[③]内出土银簪相似；银簪M7：6与昌平张营M59：8[④]相似；银簪M15：2与奥林匹克森林公园M1：1[⑤]相似；M16内出土银簪与丽泽墓地M245[⑥]内出土银簪相似；骨簪M1：1与昌平张营M59：7[⑦]相似；M7及M20内出土银耳环与昌平张营M92[⑧]及丽泽墓地M223、M239[⑨]内银耳环相似；半釉瓷罐M2：1、M15：8、M16：7与西红门商业综合街M109：2、M92：2、M38：4[⑩]及丽泽墓地M172：1、M184：1、M251：1[⑪]相似。昌平张营、丽泽墓地、奥林匹克森林公园、轨道交通项目内发现的以上墓葬皆为清代时期，结合此次发掘的墓葬中出土有康熙通宝、光绪通宝、宣统通宝及铜元等，因此推断该22座墓葬年代为清代晚期。

发掘：王策、程利、于璞、孙峥
照相：同新
绘图：孙建国　同新
执笔：于璞、孙峥、王策、程利

---

①③④⑦⑧北京市文物研究所：《昌平张营遗址北区墓葬发掘报告》，《北京考古》第二辑，北京燕山出版社，2008年。

②⑩北京市文物研究所：《小营与西红门——北京大兴考古发掘报告》，上海古籍出版社，2018年。

⑤北京市文物研究所：《奥林匹克森林公园工程考古发掘报告》，《北京考古》第二辑，北京燕山出版社，2008年。

⑥⑨⑪北京市文物研究所：《丽泽墓地——丽泽金融商务区园区规划绿地工程发掘报告》，科学出版社，2016年。

文化"走出去"视域下的博物馆文物翻译

——国内博物馆优秀翻译文本示例

张　靓

以对外文化宣传和对外文化交流为主要内容的文化"走出去"是现阶段我国的重要文化发展战略。中华文化的对外传播有利于加强国际话语权,树立国家对外形象,提高自身的文化影响力,阐释中华文化的深刻内涵。

博物馆作为文物的收藏和展示单位,还兼具教育、研究、传播等功能,博物馆收藏着民族特有的历史文化记忆,保管着提高文化凝聚力和影响力的文物资源,是跨文化传播的重要媒介,是凸显国家文化软实力的窗口。

一、推进文化传播的博物馆文物翻译

邓肯·卡梅隆于1968年提出博物馆传播研究方向,他主张博物馆传播也是公众传播的一支,遵照公众传播的普遍规律。因为依据香农·韦弗的信息论模式,博物馆具备公众媒介的显著特征,即大规模的受众、统一的传播内容、传播者和受众之间的权力关系[①]。虽然在博物馆中,传播媒介多以实物为主,但文物说明文字也是文化传播不可缺少的关键一环。由此,我们对博物馆文物翻译行为的定位就应该从简单的文字转换转变为跨文化传播。除文字转换外,博物馆文物翻译还要关注语言跨文化交际层面的大目标,推动不同民族和文化之间的交流[②]。

李开荣在《试论文物名称英译文化信息的处理》中指出:"文物之所以称为文物,就在于它们是文化的历时性直观再现,是人类文化遗产的实证。其价值首先在于文物所表现的、隐含的、象征的文化意义。"[③]文物翻译中,可将文物所包含的文化信息分为表、中、深三个层面。表层文化信息针对所译文物的表象,是对其直接的认知与表述,指文物的基本概念属性,通常用来定义是什么文物。中层文化信息是在文物表层信息的基础之上进行相对深入的描述,一般内容涉及文物的造型审美、文化内涵、艺术价值等。深层文化信息指的是文物所承载的深层文化内在,如文物所代表的传统观念、宗教信仰、风俗习惯和意识形态等。翻译过程当中,这三层信息的传播和接受程度体现了文物翻译的质量和文化传播的能力。

二、博物馆文物翻译的策略与方法

在着手翻译之前,首先要进行源语文本分析,辨识文本的功能和风格,同时了解目标语读者的需求,找到适合的翻译策略,这样译文的质量才会高。彼得·纽马克将文本类型归为了三类,即表达型文本(expressive text)、信息型文本（informative text）和呼唤型文本（vocative text）④。文物说明属于信息型文本，其目的在于通过文本信息来传播和展示国家的文化遗产和文物资源，偏重实用性、目的性和专业性。

对照纽马克的文本功能类别，博物馆文物译文主要具有四大功能：激起受众参观兴趣、引发受众前来博物馆的宣传推广功能；对某一地域的人文及历史发展进行介绍、满足观众文化需求的介绍历史文化功能；让观众在观看过程中获取美感体验的审美功能；强调观众获得信息后实施行为的指示功能。这四大功能中，宣传推广功能在参观行为发生前起作用，指示功能服务于观众在博物馆的主要活动，审美功能在其他三个功能起作用的同时产生，而将当地历史文化传递给目标受众则是博物馆文物翻译最核心的功能。由此可知，博物馆文物翻译实践中的重要目标是介绍、传递历史文化，博物馆文物翻译的本质是宣传展示文化的过程。如何在目标语受众可以接受的范围内，最大程度地传递文物所蕴含的诸如历史沿革、宗教信仰、风土人情、意识形态等文化信息就成为博物馆文物翻译的主要问题⑤。交际翻译法是进行博物馆文物翻译实践过程中被译者广泛采用的基本策略，具体翻译方法囊括音译、直译、意译、增译、减译、改译和以上各类翻译方法的综合运用等。译者可根据具体文本进行选择，以最大程度地完成文化信息的传递。

三、博物馆文物翻译示例

博物馆文物说明的组成要素为：文物名称、文物年代、文物出土时间和地点、文物尺寸所构成的基本信息，以及包含文物描述和背景信息的文物介绍。

（一）文物名称的翻译

文物名称"既是命名，也是对文化特征概括性的描述"⑥。文物名称承载着厚重的文化信息，主要用于向观众提供涉及

文物的各种信息，使观众识别并了解其所蕴含的文化元素，更好地观赏展品。同时作为博物馆陈列品，文物名称的译文又受到展示空间的严格限制，因此对翻译的简洁性有较高要求，应避免译名过长的情况出现。

文物名称通常由器物名称、材质、器型、纹饰、工艺等要素组成。通常情况下，文物的中文命名是将特征、纹饰、颜（釉）色放在前，作为前置修饰语，而将类别、器型、用途后置；而英语语法中修饰语的语序一般为：限定词—冠词—品质形容词—大小—年龄—颜色—形状—工艺—属地—材质，通常将颜色放在前，接着是器型、类别或是用途，最后用介词with来衔接文物上的一些纹饰或是文物特征等。

故建议文物名称中译英时，可以套用"颜（釉）色/工艺/器型+材质+（拼音名称）+英文名称+with+纹饰/铭文/彩绘/其他特征"这一格式进行翻译。常见的器物类文物，如青铜器、陶瓷器、玉器等都可以使用此方法。例如湖南省博物馆的牺首兽面纹圆尊，尊为酒器，有圆腹和方腹两种形制，这件尊的特征是在器物的肩部有3个圆雕的牺首，腹部装饰着精致的兽面纹。名称英译为"Round Bronze Zun（Wine Vessel）with Sacrificial-animal-shaped Heads and Animal-mask Motif"，遵循了"器型+材质+拼音名称+[英文名称（用途意译）]+with+特征+纹饰"的模式。

对于有明确窑口的瓷器，南京市博物总馆在翻译文物名称时，将窑口信息统一放置在最后，用逗号将其同主体信息元素独立开来，使其较为明显，这样目标语读者就会记忆深刻，从而达到很好的文化传播效果。例如吉州窑褐彩宋词花果纹瓷枕，译作"Porcelain Pillow with Brown Song-Poems and Designs of Flowers and Fruits, Jizhou Kiln"，即"材质+英文名称+with+颜色+特征+纹饰，窑口"，突显

窗口的同时，也将用褐色绘制折枝花果图案纹饰和书写宋词《相思引》《隔浦莲》的特征加以浓缩凝练，限于文物名称译文长度的局限，词牌名作为文物说明在后文中以音译形式具体呈现。

在翻译安徽博物院的心形活环玉坠时，抓住心形的器物形制及带有活环的典型特征，这也是该文物制作工艺绝妙之处，运用"器型+材质+英文名称+with+特征"结构，将其译为"Heart-shaped Jade Pendant with Rings"，既简洁又突出重点。

（二）文物年代的翻译

博物馆文物的中文名称或文物描述中一般都标明了展品所属朝代，译文应用音译将其译出。但由于中国博物馆在文物年代上惯用朝代纪年，而目标语受众大多不太了解中国的历史朝代，因此如若只是简单翻译，会给他们的理解增加文化障碍。为了让译文受众更好地了解展品的历史背景，还应按英文习惯，在括号内标注朝代起止时间的公元纪年，这是最基本的信息，不然文物就失去了其最重要的历史因素；同时也方便外国观众在已知的时间体系中找到对应的时间范围。不管文物展品的中文介绍中有没有公元年代标注，译文中都应加上朝代的起止时间，以便目标语读者获取相应年代信息。这些增译的年代信息，要经过专家审核。如果遇到年代不详或学术界尚存在争议的情况，无法标注具体年代的，也应尽量标注出上级时间段。

英文文本中的年代标注一般用年份加BC表示公元前，年份加AD表示公元后。近年来，为弱化宗教对公元纪年的影响，另一套英文年代标注法也被广泛采用，即用BCE代替BC表示公元前，ACE（CE）代替AD表示公元后。一般而言，表示"公元后"的字母缩写置于年份前后皆可，而表示"公元前"的字母缩写只能置于年份（年代）之后[⑦]。

湖南省博物馆基本都将文物年代进行了音译，并在括号中标注朝代起止时间的相应公元纪年，但格式不够统一，有的单独成行，如康熙青花山水人物图凤尾尊与清康熙青花人物故事瓷笔筒，两件文物的制作时间都是康熙年间，但前者翻译为"The Reign of Emperor Kangxi （1662—1722）"，后者译作"Kangxi reign Period of Qing Dynasty (1662—1722AD)"，给观者一种不够严谨的感觉，诚然两者表达的时间概念是一致的，但建议将其格式统一起来。

有的文物年代混杂在文物名称之内，如汉代铜牛形缸灯，Buffalo-Shaped Bronze Jar Lamp of Western Han Dynasty（207BC—25AD），也建议将文物年代单列一行，确保与其他文物说明文本格式的一致。

又如醴陵窑釉下五彩镂空葡萄纹瓷瓶，中文说明是"清宣统二年（公元1910年）制作"，但翻译时只保留了"Second year of Emperor Xuantong reign, Qing Dynasty"，而将最为关键的"公元1910年"删减掉了，且后文中并未对宣统年号进行解释说明，因此还是建议保留此处的公元纪年。

湖北省博物馆的做法是将文物年代作为文物说明的第一句话，但采取了严格的直译，即对中文里出现的公元纪年进行了翻译；中文里没有公元纪年的文物，英文文本中也没有。而恰好像曾侯乙编钟、越王勾践剑、元青花四爱图梅瓶这样的镇馆之宝，可能由于中国观众对它们所处的历史时期和背景异常清楚，所以在源文本中就只写了"战国早期""春秋晚期"和"元代"，将其分别直译成"Early Warring States""Late Spring and Autumn Period""Yuan Dynasty"对目标语观众的理解和接受就会有一定的阻碍和困扰，建议还是增补其对应的公元纪年，以便外国观众能对这些珍贵文物所处的时代有个概念，也凸显它们的历史价值。

安徽省博物院的馆藏文物英译，都将文物年代作为重要信息单独成行列出，但是均没有提供相应的公元纪年。鉴于博物馆文物翻译旨在传播文化知识的目的，以及站在目标语观众的角度，建议补充公元纪年的信息。

南京博物总馆也是将文物名称和年代进行了直译，由于其文物中文名称的结构均采用了"年代·文物名"的格式，故而令文物的英文文名变得非常长，如"三国吴·褐釉孝子送葬陶魂瓶"，英文名作"Brown-glazed Pottery Soul Jar with Designs of a Filial Son Attending a Funeral Procession, the Kingdom of Wu during the Three Kingdoms period"，显得十分冗长累赘；且第二行就是文物年代："【Period】: Kingdom of Wu during the Three Kingdoms period"，相当于同样的内容在上下两行就重复出现了两次。因此建议将文物名称英译中的年代去掉，只在第二行的年代信息栏中进行体现，并且加注相应年代的公元纪年。

（三）文物出土时间和地点、文物尺寸的翻译

文物的出土时间、地点和文物尺寸一般被视作补充信息，为了方便目标读者在阅读时获取有效信息，可以在展示时换行标识，独立整理[⑧]。文物出土时便能获得出土的时间和地点，均采取公元纪年和现存地名，故文物的出土时间和地点可做直译和音译。文物出土地点不被人知悉的，需要添加背景信息予以解释。文物出土后经测量可获得文物尺寸，测量时使用标准测量器具和国际通行度量衡，文物尺寸应采用直译。

各家博物馆在这方面做得都比较到位，就不在此一一列举了，仅举南京博物总馆明永乐时期宋晟及其夫人墓出土的两件文物为例：

【Size】: Height 15.6cm, mouth diameter 23.4cm

Excavated from the tomb of Song Sheng, which was built in the 5th year of the Ming Yongle period, at Langjiashan in Yuhuatai District of Nanjing.

【尺寸】：高15.6厘米，口径23.4厘米

南京市雨花台区郎家山明永乐五年宋晟墓出土

【Size】: Height 24cm, mouth length 8.5cm, mouth width 7.8cm

Excavated from the tomb of Mrs. Ye, wife of Song Sheng, which was built in the 16th year of the Ming Yongle period, at Langjiashan in Yuhuatai District of Nanjing.

【尺寸】：高24厘米，口长8.5厘米，口宽7.8厘米

南京市雨花台区郎家山明永乐十六年宋晟夫人叶氏墓出土

（四）文物介绍的翻译

从内容上看，文物介绍主要由描写文物外观和工艺的文物描述及包含文物历史由来、用途及评价等内容的文物背景信息组成。

1. 文物的外观和工艺

由于大多数文物的形制和工艺在中西方文化中是都被认可接受的，这种情况下可以采用直译。

但文物的外观又千差万别，工艺复杂，源语观众都很难经由有限的文字描述来获知文物立体的外观和详尽的制作工艺，译文想要精准传神地表达出这种形象和技艺就更是难上加难了，这种情况下意译可以作为直译的增补。

2. 文物的历史由来

文物的历史由来潜藏着深厚的文化背景，内容丰富，主题众多。涉及许多历史上的事物，这些事物有时连源语观众都不易弄懂[⑨]，不甚了解。人名、地名常常采用音译；其他难以用三言两语表述清楚的历史典故、渊源，可采用意译法，以达到立竿见影的交际效果。

3. 文物的用途和评价

文物的功能用途是文物在特定历史时期的使用价值，经常是客观的，可以使用直译的方法；而文物评价多为主观性的，应主要采用意译。

通过分析收集到的资料不难发现，众多中国博物馆的文物说明都对文物的外观、工艺及外观评价着墨过多，有些甚至全篇都是对文物外观的描述。鉴于观众在参观过程中通过自己的观察对文物外观会有一定的了解，花费大量文字来介绍文物外观会消耗观众的参观时间，令他们感到乏味无趣。相比之下，参观者会希望了解到更多文物背后的背景知识。

下面就以青铜器、瓷器、玉器各举一例，说明在文物介绍翻译过程中如何改译，以获得更好的文化宣传效果。

铸客大鼎也称楚大鼎，是战国晚期楚国青铜饪食器，是迄今为止发现的春秋战国时期最大最重的青铜圆鼎。出土铸客大鼎的李三孤堆楚王墓曾经历过两次盗掘，1933年被盗的铸客大鼎流离转徙了十六载，于1949年被平安运回安徽，最终成为安徽博物院的镇馆之宝。

在文物说明的中文文本中有大量关于外观的描述性文字，包括器型、纹饰，"铸客大鼎圆口，方唇，鼓腹，圜底，附耳，耳的上部外侈，三蹄足。腹部饰一周突起的圆箍，箍上饰模印羽翅纹，双耳和颈部外壁模印变体鸟首几何纹，足的根部高浮雕兽首纹"。但这些内容，观众通过亲身观察都能够有一定的直观了解，写入英文文本的话会带来枯燥乏味之感，不符合目标语观众的阅读习惯。因此在翻译过程中删减以上过多的关于文物外观的描写，将翻译的重点放在文物的历史价值及命运多舛的由来经过。

"The giant 'zhuke' ding vessel (or the giant Chu ding vessel) is a treasure of the Chu State in the late Warring States Period"开头即点明了铸客大鼎的用途、归属地及所处

的历史年代，同时也表明了其"重器"的历史地位。第二句略去与后文语义重复的四字格形容词——"气势宏伟，体量巨大"，而是更进一步直接翻译了它的历史价值："It is the largest and heaviest round bronze ding vessel ever unearthed made during the Spring and Autumn Period and the Warring States Period"，并且连续使用两个最高级形容词，用以突显文物的体量之大。第三句"Its design well demonstrates Chu people's pursuit of power and ambition"并未细致描写文物的外观，而是简单概括了铸客大鼎的艺术价值，也体现了楚国青铜器的艺术特点，即力量与气势的完美结合。

英文文物说明的第二段"After sixteen years of changing hands since it was illegally unearthed from Lisangudui in Shou County by a gang of tomb robbers in 1933, the vessel returned to Anhui in 1949, and became the treasure of Anhui Museum"主要讲述了铸客大鼎从1933年被盗到1949年回归的历程，不仅向观众介绍了文物的出土地和出土时间，更是将前后事件串联成故事，娓娓道来。抗战时期历经沧桑的曲折经历，也为这件文物的历史价值增添了浓墨重彩的一笔。

鸡首壶因壶嘴呈鸡首状而得名，用来装水、装酒或装茶，是六朝青瓷的代表器物之一。南京六朝博物馆收藏展出有一系列的青瓷鸡首壶。

"Ewers with a chicken-head spout, also known as chicken ewers, generally refer to ewers with a dish-shaped mouth, with a chicken's head stuck to one side of the ewer and a handle on the other side."英文文本的第一句首先给鸡首壶这类文物下了定义，紧接着便是它作为六朝青瓷典型器的历史定位"They are typical celadon wares of the Six Dynasties"，进而通过器型的发展演变"The appearance of this type of utensils changed the inconvenience of pouring, resulting from the lack of a spout on kettles and pots in the past"，再次强调它的历史地位和价值，"为唐宋执壶的发展打下了基础"。接下来才是对具体文物外观的表述："This ewer has a lid. The chicken head has a round snout, a short neck, and a high comb. The upper end of the handle is higher than the mouth rim of the ewer. On the opposite sides of its shoulder, two 'bridges' are attached. A tying string can pass through the holes formed between the ewer and the 'bridges'. Unique in style, the chicken on this ewer raises its head high as if it is looking into the distance. The design of a high handle and a low chicken head, while giving the ewer a solemn and primitive look, makes the ewer's curves smoother and livelier."因为鸡首壶的特征便在于它独特的外观，这也正是它得名的原因。

美中不足的是，如果能在译文中适当添加中国人多用谐音（"鸡"与"吉"）表达美好寓意并以相应的动植物形象作为装饰的内容，相信这样的翻译更能满足外国观众对文物背景知识的需求，进而获得更好的文化传播效果。

南京市博物馆收藏着装饰图案多样的玉带扣和玉带板。这些带扣和带板既有实用价值，作为"腰带"用于固定衣物；又具有装饰功能，从其形制、纹样可窥见使用者的审美情趣。这也是它们之间相互区别的显著特征，因而纹饰图案就成为了这类玉器文物说明中的重点内容。

蟠螭纹玉带扣正面用高浮雕的手法雕琢出"母子螭"形象，即一大一小两只盘螭，首尾衔接以中心孔洞为圆心

盘绕，两条螭的螭首相对，画面和谐亲昵。英译本不仅描述了纹饰形象，关键还在于向目标语观众解释说明了潜藏着中国传统伦理观的"母子螭"图案，令其中的寓意对外国观众来说也变得浅显易懂，易于领会。"On the front side of the jade buckle, a large and a small chi are carved using the high relief technique. They, slender and lively, coil around the round hole in the middle. With their heads facing each other, the two chis look harmonious and intimate. They are the so-called 'mother-and-child chis'."南京地区的元代考古中，玉器发现极少，而这件玉带扣出土于有明确纪年的元墓中，非常罕见，其历史价值可见一斑。因而对于这件文物突出的历史地位，在翻译时也给予了充分重视，特别进行了强调："As jade objects can hardly be found on Yuan dynasty relics sites in Nanjing, it is very rare for this exquisite jade belt buckle with the chidesign to be unearthed from a clearly dated Yuan tomb."

明代玉带板上雕琢的纹饰多选用具有吉祥寓意的动植物或是吉祥图案，尤其是龙、凤、狮等瑞兽。无论是花鸟鱼虫抑或是飞禽走兽，均根据它们各自不同的生活环境和特性，赋予其各自不同的象征意义，以借喻生活中的美好事物或者高雅的情趣意境，从而使多数玉器"图必有意，意必吉祥"⑩。狮蛮纹玉带板、镶金托云龙纹玉带板、秋葵纹玉带板就是这类明代玉器的典型代表。

在翻译狮蛮纹玉带板的文物说明时，将汉语原文中诸多文化负载词如"三台""六桃""辅弼"省略不译，采用意译的方法，译为："Eleven of them show the color of grayish white wholly or partially due to long-time erosion."将之归纳为其中11块带板因受

沁,而整体或局部呈现灰白色。而后将翻译偏重于对主题纹样"番人戏狮"(又称"狮蛮纹")的说明,"The theme motif-relief of 'minority people playing with lions' (also known as 'pattern of lions and minority people')——is engraved using the technique of gradual margin change. The minority man in the patterns wears a peaked hat, short clothes, and boots, and holds a rope in his hand, while the lion, with its eyes wide open and teeth exposed, jumps and skips around the man."

镶金托云龙纹玉带板是用和田玉雕琢而成,底部镶有金托。对和田玉的概念采取了"音译+直译",译为"Hetian jade",镶有金托是这件玉带板的另一个特征,不仅在文物名称翻译时进行了强调,译为"Gold-inlaid Jade Belt Plaques",而且在文物说明中也给予了进一步的解释:"inlaid with a gold tray at the bottom"。"The dragons are surrounded by patterns of lingzhi-shaped auspicious clouds, as if they were flying among clouds"一句则细致刻画了云龙纹的图案纹样,充分展现了一幅巨龙在云层间自由穿梭的画面。最后对这件文物的艺术价值给予了高度评价:"The jade belt can be called a masterpiece of ancient Chinese jade carving",称其为中国古代玉雕工艺的杰作。

对于同样由和田玉雕琢而成的秋葵纹玉带板,在翻译过程中明确了和田位于新疆,译文"Xinjiang Hetian jade"令目标语观众能对玉料的产地有个大致了解。说明中玉带板上的各部位名称因为属于文化特有词汇,附带一定的文化信息,因而采取了"意译+音译"的方法,用意译翻译形制,而像"銙"和"铊尾"这样的术语就使用了音译,即将"长方形銙、长条形銙、桃形銙、铊尾"等专有名词分别译作"rectangular kua, strip-shaped kua, peach-shaped kua, and tuowei",使其在充分保留中国文化元素的基础之上,变得对西方观众而言也易于辨识。其后是对于器物外观的描述和工艺的评价,在此就不再赘述了。

四、结语

博物馆文物翻译是传播中国文化的重要桥梁,它不仅涉及信息的传达,通过准确的翻译还能实现跨文化交际的功能,并有助于促进中华文化的对外推广。选取以上文物翻译文本,对其进行分析,论述具体翻译方法,力求阐明在进行文物翻译的过程中,应站在跨文化交际的层面上,综合运用各种交际翻译方法,尽可能充分地将文物所蕴含的文化信息准确地呈现出来,发挥文物在文化交流、传播过程中的重要作用,使目标语受众深刻感受中国悠久的文化历史,真正实现文化"走出去"的目的。

本文为北京市优秀人才培养资助(青年骨干个人)项目:中华文化"走出去"视野下博物馆文物翻译策略及其接受与影响研究(项目编号2017000020044G154)成果。

①池见星:《跨越文化的桥:面对主动受众的博物馆教育——以大英博物馆的"中国园林"特展为例》,《新闻大学》2009年第2期。

②谢天振:《中国文学、文化走出去:理论与实践》,《东吴学术》2013年第2期。

③李开荣:《试论文物名称英译文化信息的处理》,《中国科技翻译》2001年第4期。

④Newmark, P., A Textbook of Translation UK: Prentice Hall International Ltd, 1988.

⑤刘展:《博物馆文本英译的跨文化审视——以洛阳博物馆为例》,《洛阳师范学院学报》2013年

第1期。

⑥李开荣：《试论文物名称英译文化信息的处理》，《中国科技翻译》2001年第4期。

⑦郦青、张生祥、俞愉：《丝绸文物展品英译研究》，《中国科技翻译》2013年第3期。

⑧杨红英、马海滢：《博物馆瓷器展品名称英译研究》，《中国科技翻译》2012年第3期。

⑨田传茂：《以湖北三国景点为例谈文化旅游翻译》，《中国科技翻译》2010年第3期。

⑩张靓：《"阅古赏珍——北京明清文物精品展"玉器精品赏析》，《首都博物馆论丛（总第26辑）》，北京燕山出版社，2012年。

（作者单位：首都博物馆）

浅谈遗址类博物馆研学项目的开发与实践

——以西周燕都遗址博物馆"燕国达人"为例

刘海明

博物馆是集收藏、研究、陈列、教育四项职能于一体的多功能社会机构，比起其他单一功能的社会机构，它所承担的社会任务也是多方面的。国际博协远景规划中规定："虽然传统认为博物馆是文物收藏和文物保护的场所，但当代的博物馆是为社会及其发展服务，并逐渐成为社会变革的工具。""博物馆必须成为传播知识、交流思想的积极参与者"。美国博物馆学者斯蒂芬·威尔说："博物馆的价值不在于拥有什么，而在于做了什么。"挖掘博物馆文化资源，提升博物馆教育功能，丰富大众日益增长的精神文化需求已成为博物馆重要职能和社会责任。

2017年1月，中共中央办公厅、国务院办公厅印发了《关于实施中华优秀传统文化传承发展工程的意见》，指出要把优秀传统文化融入生产生活，大力发展文化旅游，充分利用历史文化资源优势，规划设计推出一批专题研学旅游线路，引导游客在文化旅游中感知中华文化。由此，"博物馆研学"在文化旅游融合发展的大背景下，越发成为休闲旅游发展的重要方向。博物馆研学能够潜移默化地传递优秀传统文化知识，而遗址类博物馆开展研学项目，要利用好自身独特的文化元素，策划符合本馆文化属性的研学内容，进而打造出独特的品牌研学项目。

一、遗址类博物馆独特的资源优势是研学内容开发的基础

开展博物馆研学活动，首先要确定其主题，这依据的是对博物馆自身资源的挖掘。遗址类博物馆独特资源优势，就是研学项目开发的基础。笔者作为西周燕都遗址博物馆（以下简称"西周馆"）"燕国达人"文创项目参与策划、执行人，以"燕国达人"项目开发为例，分享自己的经验和思考。

西周燕都遗址是3000多年前西周王朝北方诸侯封国——"燕"的始封地，是迄今为止西周考古中发现的唯一一处城址、宫殿区和诸侯墓地同时并存的大型遗址，是北京城市文明的发源地。这些丰富的历史遗存，是历经沧桑而硕果仅存的宝贵资源，代表着首都北京的文化品位与城市形象，是国际性历史文化名城的重要标志之一。

（一）"燕国达人"研学开发初衷

2015年4月30日，中共中央政治局审议通过了《京津冀协同发展规划纲要》，明确了京津冀三地的具体功能定位：将重点打造以首都北京为核心、具有较强国际竞争力与影响力的"世界级城市群"。京津冀地区自古以来地域一体、文化一脉，3000年自强不息的奋斗历程创造了燕赵大地辉煌的城市文明与地域文化。而西周燕

都遗址作为西周时期燕国的始封地，是燕文化的发源地，具有标志性意义。京津冀协同发展以文化先行，为挖掘燕赵文化的形成脉络、探索发展轨迹，西周馆以燕文化发源地的独特资源，联合京津冀三地文博单位，商谈资源共享，合作发展。

同年，西周馆举办了京津冀系列文化巡展：在首都博物馆举办"鼎天鬲地——北京从这里开始"展、在西周馆举办了"燕都宴飨——舌尖上的燕国"展、在石家庄博物馆举办"纵横之间——崎岖的燕国外交"展，以及在涿州博物馆、廊坊博物馆举办"受命北疆——青铜器背后的燕国故事"巡展。

在京津冀地区举办多个主题不同、体现燕文化特色的巡展，如何能让观众了解展览信息，如何让观众理解西周馆策划本次京津冀文化巡展的意义所在，如何把各博物馆的独立展览串联起来……？面对这些问题和挑战，西周馆的工作人员经过思考，一个博物馆跨界旅游的文创项目——"'燕国达人'研学"诞生了。"燕国达人"研学的设计初衷是"跟着博物馆人去看展览、'读燕国'"，取名为"燕国达人"，寓意为"你喜欢探寻燕国"。

（二）"燕国达人"研学初级版

为配合在京津冀各地举办的相关巡展活动，西周馆为"燕国达人"研学活动制作了配套的研学手册（图一）。结合当年网络热词，宣传语为"燕国那么大，我想去看看"。观众可首先通过博物馆微信平台报名参加"燕国达人"研学活动，然后从各博物馆巡展地免费领取"燕国达人"研学手册。按照研学手册介绍，"打卡"手册中所提示的各巡展及相关活动，并加盖"燕国达人"各地特色纪念章，以游客自由行的参与方式，在本年11月前集齐巡展、活动印章，即可参加年底在西周馆举办的"达人归燕"颁奖总结会。

这是西周馆第一次文旅方面的大胆尝试，用一本研学手册来聚集参与者，引领大家有目的地去各博物馆观展。但从现

实层面来看，西周馆本身知名度不高，活动初始，观众能否获知这一研学活动？是否愿意参与？面对这些可能性，策划者是忐忑不安的。而当第一位北京市民通过微信公众号后台报名时，为西周馆的工作人员注入了信心。当年，北京地区共有20多位观众全程参与到此项活动中，来自北京市区的一家四口，在半年内打卡所有巡展及相关活动地点，第一个集齐所有印章，获得了一等奖。可以说，这是一个良好的开始。

2016年，在没有开展京津冀文化巡展的情况下，西周馆及时调整思路，重新设计"燕国达人"研学内容，主题为"探寻散落在燕赵大地的历史遗迹"。当年设计的研学线路为：西周馆—河北省易县清西陵—易县荆轲塔—易县燕下都遗址。研学时间为两天一晚，观众参与形式改为集体自驾游，这样便于组织方集中管理，统一安排。

本次研学涉及到住宿餐饮，美食文化也是历史形成的独特文化，所以西周馆联

图一 2015年燕国达人手册封面

系当地文博同行选取特色餐食，借助美食延伸当地历史文化，又一次让参与者体验到了饶有趣味的博物馆文化之旅。

（三）"燕国达人"研学成熟版

2017年，西周馆在总结前两年的项目经验后，"燕国达人"研学成熟版展现在公众面前：看展览、访古迹、读历史、品美食，多形式宣传，形成了一整套内容丰富、有深度、有宽度的燕国历史文化研学项目。研学时间为两天一晚，参与者不超过25人，统一乘坐大巴车出行，参与者个人负担食宿，其余参观活动与出行由博物馆方负责。

1. 看展览

这是研学的主要内容。策划时，首先从各博物馆中选取与燕文化相关的展览，并重点讲解其中的特色展品，由此可精准提升参与者的"鉴赏能力"，逐步使得参与者在欣赏的同时从中获取知识，由单纯的"看客"转变为"学人"。参观展览，一般请该博物馆资深工作人员导览并进行讲解。如在河北省石家庄站的研学中，我们组织参与者到河北博物院参观"慷慨悲歌——燕赵故事"和"战国雄风——古中山国"两个展览。其中选取了燕下都出土的透雕龙凤纹铜铺首这件文物重点讲解。专家从纹饰造型、线条布局、艺术风格、铸造技术、文化背景等角度，全面细致地解读这件文物。面对这件不可多得的艺术珍品，人们仿佛穿越历史的时空，再次叩响"战国七雄"之一燕国的历史之门。

2. 访古迹

在研学内容设计中，还要探寻京津冀区域内燕赵文化古遗迹。河北省易县燕下都遗址是战国时期燕国的都城遗址。城址呈长方形，东西长约8公里，南北宽达4公里，是战国都城中面积最大的一座。城址中部有一道隔墙，将城分为东、西二城。文化遗存相当丰富，保存较好。尤其是西城西墙保存较为完整，现存3717米，高出地面最高处约6米，今天依然能清晰看到当年板筑夯筑痕迹。但目前该城墙遗迹四周为大片庄稼地，若没有专业人员带领，一般游客很难找到。当参与者在工作人员的引领下，站在这处高大的古城墙面前时，不由自主地想象出两千年前燕国都城的雄伟气魄及宫殿建筑的豪华与排场。

3. 读历史

研学以"读历史"而不是"听历史"或"学历史"作为行动指南，也就意味着：读，就是有自己的感悟。众所周知，记载历史的典籍文献，或多或少有迎合当时社会环境、统治者之处，或有作者主观见解在其中，这在某种程度上影响了后人鉴史的难度。所以在"燕国达人"研学中，由专家学者带领参与者一起，通过前人留下的实物，对照文献，来研究历史，两者相辅相成，相互甄鉴，以期更准确地还原历史，让历史的本来面目更清晰地呈现在后人眼前。

4. 品美食

饮食文化是一种广视野、深层次、多角度、高品位的悠久区域文化，所以品当地特色美食也被列为研学活动的重要内容之一。在蔚县站研学中，选择当地特色餐饮"糕"为研学参与者带来了一场特色餐饮文化之旅。蔚县位于河北省张家口最南端，多以旱地为主，自古就以黍、谷、高粱为主要农作物。黍子是中国最古老的农作物之一，但种植范围很小，仅在大同和张家口等一些干旱的地方进行种植，所以产量不是很高，现在已较为少见。黍子去皮磨面即成黄米面，加工蒸熟后称为"糕"。直到今天，在蔚州，每天中午，无论推开谁家的家门，在餐桌上映入眼帘的主食几乎都是黄澄澄的用黍蒸的糕。所以通过品尝蔚县的"糕"，研学参与者又进一步了解到蔚县历史文化传承。博大精深的中国饮食文化，呈现出丰富的种类和强烈的地域色彩。

5. 多形式宣传

多渠道多形式宣传能够最大程度提升活动知名度。目前，研学项目宣传推广渠道主要有：西周馆微博和微信公众号、北京交通广播"徐徐道来话北京"节目及参与者自媒体宣传等。

北京交通广播"徐徐道来话北京"节目组成员发挥专业优势，全程录音、采访，研学结束后分两次在北京交通广播中播放，扩大了西周馆研学知名度。同时在其微信公众号中也同步推送。西周馆微信公众号编辑，全程参与从前期招募到后期的研学信息整理。研学过程中及时收集各类信息，整理编辑后第一时间推送宣传。

为提高宣传力度，西周馆还积极鼓励研学参与者利用自媒体进行宣传。在蔚县站研学中，一位参与者在携程网上发表了四篇研学旅行游记，总计点击量破万、评论数破百，引起热议。在唐山站研学中，一户三口之家将研学感悟编辑成七言长诗发布在微信朋友圈，孩子将研学内容做成"美篇"在学校网络平台上发布。据不完全统计，每站研学，招募的25名参与者利用自媒体平台发布视频、照片、心得、游记等不少于30次。

截至2019年年底，西周馆微博粉丝数已达到10419人，同比上一年增加了近4千人；2019年西周馆微信公众号粉丝1741人；通过微博平台发布的"2019年燕国达人研学（唐山站）"信息，阅读量达到2.2万次。以上数字对于成长中的西周馆"燕国达人"研学项目来说，是认可也是激励。

6. 参与者反馈

这一板块，是研学最后一项内容，也是研学受公众认可程度的依据。研学结束后，西周馆业务人员以问卷、访谈等形式，调研参与者的研学体会，收集意见后反馈给组织者，为下一站（次）研学策划提供参考意见。

遗址类博物馆的长项不在于藏品，而在于遗址及"讲好遗址背后的故事"。燕赵大地上有很多值得关注的文化遗迹如今尚不为公众所熟悉，与之相关的历史故事也鲜为人知。不同于以往的旅游模式，"燕国达人"研学内容以京津冀三地丰厚

的古文化为主线，探寻、挖掘、研究京津冀地区的古代历史文化遗迹。"燕国达人"研学更关注"和谁去""考察什么""研究什么"等问题，通过研学，试图让参与者成为研究者，去深入探寻京津冀区域燕赵文化宝藏。

二、借助优势，联合资源，众筹运行区域文化品牌

经过这几年不断的优化整合，如今"燕国达人"四个字不仅仅指代研学活动，而是已成为西周馆一个文创品牌。此品牌包含三部分内容：燕国达人研学活动、燕国达人卡通形象、燕国达人文创产品。三部分既可独立操作，也可联合运营。

"燕国达人"文创项目的运行模式是：邀请加盟、联合开发。邀请京津冀各博物馆、社会文化单位共同参与，借助文化共性将各家资源串联起来，共同享用"燕国达人"区域特色文化品牌，并以众筹方式推广"燕国达人"品牌，形成共享、共创、共赢的合作模式。"燕国达人"研学作为"燕国达人"文创项目中重要部分，就是遵循这样的合作模式。

在研学合作中，京津冀各博物馆先要签订加盟意向，成为"燕国达人"研学资源单位，共同策划"燕国达人"研学活动内容。在实施中，博物馆各有分工，比如，研学中涉及到的餐饮住宿均由当地博物馆来负责联系敲定；在宣传上，双方博物馆要利用各自途径，统一内容推广"燕国达人"研学活动；此外，研学内容除参观主题展览外，还配套有当地博物馆的特色互动项目，能让参与者感受到博物馆研学的独特魅力。如在唐山站研学中，唐山博物馆特意邀请当地皮影表演家为研学参与者表演皮影戏，并现场体验皮影操作。

在研学活动实施运行过程中，由于西周馆内业务人员数量有限，所以自愿加入众筹"燕国达人"项目的社会资源单位利

用自身优势，会承担一部分工作。比如北京交通广播"徐徐道来话北京"节目组，利用听众粉丝众多的自身优势，负责招募研学参与者、收集参与者信息，这样可以做好人员安全保障，便于集中管理。同时，该栏目组在研学过程中全程录制（图二），活动结束后编辑整理音频作品在广播栏目中播放，利用栏目的宣传影响力提升"燕国达人"品牌知名度。

另一家加盟该项目的社会资源单位是北京导先路文化设计公司，该公司与西周馆为"燕国达人"文创项目联合开发设计"燕国达人"卡通形象（图三），并制作了"燕国达人"卡通形象微信表情包。同时，在研学活动中，制作"燕国达人"文创小纪念品赠送给研学参与者。

由于西周馆的自身影响力等诸多原因，目前社会资源的加盟还在少数，众筹打造这样一个京津冀区域文化品牌的道路还在艰难探索中。

三、"燕国达人"研学实践后的思考

从研学内容来看，工作人员首先应做好京津冀古代历史文化研究。如果面向京津冀公众层面做一个调查，问大家什么是"燕国文化"，什么是"京津冀古代历史文化"，恐怕能答者寥寥，大部分生活在京津冀的民众会感到茫然。

图二 "徐徐道来话北京"栏目组在"燕国达人"活动中负责全程录音

图三 "燕国达人"卡通形象

"燕国达人"研学就是期望能在推广京津冀古代历史文化的方面，发挥能动性，起到积极的推动作用。当然，目前只是一个开端，还未引起足够大的社会效应。所以客观现实迫切需要我们更深入研究京津冀古代历史，并尽快将其有效地向公众层面推广，引起广泛的共鸣，昭示"地域一体、文化一脉"的历史渊源。

从研学合作形式上，还应寻找新的突破口，寻求更多社会资源进入。要深度挖掘此项活动的内涵，寻求旅游机构、文化教育机构进行合作开发，通过策划和专业包装，使其成为内容丰富、形式多样的研学品牌项目，从而引起公众更多关注和更高认同。

四、小结

春秋时期，孔子周游列国，其"行走式教学"可谓开启"游学—研学"形式的先例。读万卷书亦要行万里路，研学推动了读书万里的传统教育理念。"燕国达人"这一京津冀文博共享的品牌项目，从历史中发掘，从文化上创新，以自强不息的燕赵精神继承慷慨悲歌的历史记忆，为京津冀协同发展树立了文化自信。

如果说藏品是博物馆的心脏，那么社会教育则是博物馆的灵魂。传统博物馆以藏品为中心，以馆舍为基础，侧重藏品的保护与研究；而当代博物馆则要以人为中心，以社会教育与文化产业为关注点。所以，遗址类博物馆更要注重挖掘自身资源优势，形成自身独特品牌，以社会发展促自身发展，带动社会资源进入，形成资源与发展的良性循环，推动博物馆事业迈向新台阶。

（作者单位：北京市大葆台西汉墓博物馆）

《北京中轴线建筑艺术》研学课程的教学路径

潘　婵

北京中轴线（以下简称"中轴线"）是北京老城的灵魂和脊梁，在传统城市空间和功能秩序上起着统领作用。保护、传承、利用好这份宝贵的历史文化遗产，是文博工作者必须肩负的历史责任。2012年，北京中轴线被列入《中国世界文化遗产预备名单》后，北京市组织编制了《北京中轴线申报世界遗产名录文本》《北京中轴线保护规划》，2018年完成了《北京中轴线申遗综合整治规划实施计划》《北京中轴线风貌管控城市设计导则》，"中轴线文物保护修缮计划"同步实施。同时，公众对中轴线及文物保护的认知进入了一个新的历史时期。民众关注中轴线申遗工作，对中轴线文物保护工作的美好未来充满期待。特别是对处于义务教育阶段的青少年来说，了解中轴线，就是了解北京宝贵的历史文化遗产的内涵，是强化文化自信的有效举措，这也就对博物馆社教工作提出了新要求和新挑战。

一、设计《北京中轴线建筑艺术》研学课程的意义

首先，从博物馆社会教育的功能来说，教育是当代博物馆服务于社会发展的核心内容。充分发挥我馆在社会教育方面形成的组织优势、人员优势、实践优势、实施优势，深入挖掘和系统阐述中轴线所蕴含的文化内涵和时代价值，不断创新博物馆教育的实施理念和开展形式，尊重和

满足青少年学生利用博物馆的多元化需求，挖掘和讲好"中国故事"，对提升博物馆的服务质量和社会教育效能具有重要的意义。

其次，从学生作为学习者的角度来说，课程参与者（包括中小学生、教师、家长及普通市民等）通过参与《北京中轴线建筑艺术》研学实践活动，进行实地考察、欣赏和绘画等实践项目，学习赏析建筑的方法，能够感受北京中轴线的丰富性与艺术成就，体会北京古都文化的包容、历史的厚重、建筑的雄伟与壮观，激发对祖国的热爱之情。

在研学的过程中，参与者可切身体会梁思成先生对中轴线之美的描述："北京独有的壮美秩序就由这条中轴的建立而产生。前后起伏、左右对称的体形或空间分配都是以这中轴线为依据的；气魄之雄伟就在这个南北引伸、一贯到底的规模。"中轴线包含了源远流长的古都文化、丰富厚重的红色文化、特色鲜明的京味文化、蓬勃兴起的创新文化。讲述中轴线秩序之美、建筑艺术的特点和丰富的历史文化内涵，在引导课程参与者欣赏建筑布局与艺术特点的同时，将学习重点落实到北京中轴线背后承载的传统文化教育上，落实到引导大家对美好生活的向往上，落实到赋能经济社会，促进经济社会发展上，落实到提升青少年多学科的文化素养以及对祖国的热爱之情上。

最后，从馆校合作的角度来说，博物

馆资源是学校教育教学内容的延伸，被誉为社会教育的"第二课堂"。《北京中轴线建筑艺术》研学课程的实施有益于馆校间教育教学的相互扶助、相互延伸。该研学课程的研究立足于教学论与课程论，在深入挖掘中轴线的文化内涵和时代价值的基础上，符合学生身心特点、年龄层次与接受能力，重视学生的艺术学科核心素养与跨学科整合能力。课程设计和实施扎根于青少年的学习生活，具有非常强的可操作性。同时能提前对接研学服务对象，并为其提供相应安全保障，建立健全研学评价机制，确保课程质量最优化。

二、指导思想与理论依据

《北京中轴线建筑艺术》研学课程是以中华优秀传统文化为主题的综合实践课程，以建筑艺术、美术、历史文化为核心内容。《普通高中艺术课程标准》中提出"学生能够理解艺术精神，弘扬中华文化艺术优秀传统，提升文化认知，增强中华民族文化自觉和自信"。②"通过对中国民族艺术的学习，学生能够对中国艺术精神有所感悟，增强文化认同和文化自信，能'坚守中华文化立场，传承中华文化基因，展现中华审美风范'"。③《义务教育美术课程标准》在"欣赏·评述"学习领域的课程目标中提出："注重学生的积极参与，努力激发学生的主体意识，以多样的教学方式，引导学生掌握最基本的美术欣赏方法，学会通过美术馆、博物馆等多种渠道收集相关信息""认识美术的不同门类及表现形式，尊重人类文化遗产""学会从多角度欣赏和认识美术作品，逐步提高视觉感受、理解与评述能力，初步掌握美术欣赏的基本方法，能够在文化情景中认识美术"。④

该课程设计以皮亚杰建构主义教学理论为依据，根据学习者的心理特点及他们已掌握的学科知识与技能，通过一定的教学方法，使学习者建立观察、感受、概括、分析、评价北京中轴线建筑艺术的能力，体验评价作品的乐趣，建构自己的知识体系，了解美术作品的文化价值与艺术价值。

三、学情分析与教学策略

以参与研学课程的某校初二年级为例，学生根据为他们量身定制的《北京中轴线建筑艺术学习指导手册》，分别完成了故宫、北京中轴线北段、延长线建筑的研学实践活动，首先较为全面地探究了中轴线建筑艺术的细节之美。而如何将零散的细节之美进行梳理、归纳，整体认知中轴线建筑的特点，则贯穿于整个研学实践活动的过程中。

根据学情分析，该课题采用任务驱动式研学与主题探究、对比探究的教学策略，通过支架式教学方式，以问题链为驱动，基于研学实践基础，合作式探究报告、质疑总结，全方位调动学生的学习能动性，实现知识与技能的内化，使学生学会自主学习的模式。在教师的启发和引导下，通过提问和讲授，学生经过思考与探究，逐步构建起相对完整的知识体系。

四、教学目标与重难点

教学目标包含三个层面。

第一，知识与技能。辨识、欣赏北京中轴线上的几座主要建筑，感受单体建筑特色；了解明清北京城的城市规划具有以宫城为中心左右对称的特点，突出"中正安和"；学习建筑欣赏的方法，从建筑布局、材质、装饰、评价四个方面欣赏故宫建筑，探究中国古代宫殿建筑的特色，全面认知北京中轴线建筑的特点。

第二，过程与方法。行前课与"北京中轴线建筑艺术"研学实践课相结合，在实践活动中收集中轴线建筑艺术的资料，运用掌握的赏析方法，通过描述、分析、比较等方式，利用主题探究和对比探究，对中轴线的建筑进行简短评述，表达感受和见解，学会欣赏北京中轴线的建筑作品。

第三，情感、态度与价值观。积极参与欣赏交流，通过研学实践和欣赏活动，感受北京中轴线建筑的丰富性和艺术成就，激发对北京历史文化的热爱之情。

基于以上，确定教学重点是用建筑欣赏的方法赏析故宫建筑和北京中轴线建筑，教学难点是分析故宫建筑的特点，感悟故宫与北京中轴线建筑艺术之美。

五、教学实施与过程

《北京中轴线建筑艺术》研学课程包括设计研学课程学习手册、行前教育、研学实践活动、研学后教学设计。

（一）研学课程学习手册

《北京中轴线建筑艺术》研学课程学习手册，依据学情分析，历时3个月。为学生量身定制了一套落脚于培养学生艺术学科核心素养和跨学科综合能力的课程。

学习手册包括如下部分：1."学习小帮手"列举了学生不太熟悉，但在研学中需要掌握的建筑语汇；2."翻转课堂，自主探究"旨在引导学生主动思考将带着哪些疑问走进北京中轴线建筑，及在实践过程中生成了哪些问题，强调行前思考与实践生成；3."各有角色，合作探究"以小组为单位，分工明确，突出团队合作意识；4."走进故宫——建筑布局"引导学生了解故宫的外朝、内廷和整体特点；5."走进我国现存最大的木结构建筑——太和殿"引导学生熟悉太和殿的建筑布局、色彩、屋顶样式及细节；6."探究交流，录制视频"强调小组成员的合作，并按组别完成"我是讲解员"和"大家一起分享"任务；7."北京中轴线建筑艺术·选题包"通过对学生进行调查问卷和采访，设计出具有不同难度系数的18个问题，学习者可根据自身情况，选择适合自己的问题进行探究；8."发散思维"引导

图一 与课程内容相配套的学生读本

学生填写故宫不同的宫殿名称和北京中轴线上的不同建筑名称，强化学生对中轴线的认知；9."举一反三，北京中轴线建筑艺术赏析"引导学生从建筑布局、材质特色、装饰与色彩、个人评价四个方面进行关键词记录，加强学生的归纳能力，并能在研学后的课堂上熟练运用建筑欣赏的方法对中轴线上的建筑进行赏析；10."拓展思考，综合能力"启发学生思考一位优秀的北京中轴线建筑讲解员应该具备哪些素质，自主选择中轴线上的建筑，能以思维导图的方式写出讲解提纲。"北京中轴线建筑艺术讲解员等级量化表"包括语言组织、观察能力、分析能力、方法运用、个人评价五项内容，每项满分20分，共计100分。其中，语言组织包括语速、肢体语言、建筑语汇、组织语言，观察能力包括对象明确、关注整体、观察细致、学以致用，分析能力包括按照建筑欣赏法进行赏析、多渠道收集信息、挖掘内涵、文化背景，方法运用包括熟练运用赏析法、描述法、分析法、比较法，个人评价包括寓意和造型美、独到见解、关注建筑与生活的关系、激发思考；11."造型表现"引导学生对中轴线进行写生创作；12."拓展提高"包括殿宇称谓和物件，旨在引导学生进行自主探究、合作探究；13."赞美表达"引导学生用所学的建筑欣赏方法，自选建筑，写一篇200字左右的赏析文字，文体不限；14."爱护传承文化遗产倡议书"引导学生了解和关注文化遗产，保护和传承文化遗产。

为了引导学生更好地实现自我探究，还为学生制作了适合其年龄段的学生读本（图一）。

（二）行前教育与研学实践活动

行前课上，引导学生熟悉课程学习手册，明确研学的意义与任务，以小组为单位，讨论并确定组员的分工。学习手册的设计从学生视角出发，以方法带动研学实践活动的各个环节，包括建筑艺术欣赏方法、主题探究、对比探究等内容，全方位

调动学生检索、查阅、发散思维的能力。同时，为学生设计出不同难易度的选题，引导学生的积极思考。

基于课程学习手册的研学实践活动，具有以欣赏促表达、以情景促感受、以思考深化认知的特点。学生在实践活动中，探究有路径：根据考察，定位主题；根据主题，定位选题；根据方法，合作探究；根据模式，完成探究。探究的模式具体为：北京中轴线研学考察、第一次探究（学习重点）、小组报告、补充、评价、质疑、第二次探究（学习难点）、学习生成。研学实践活

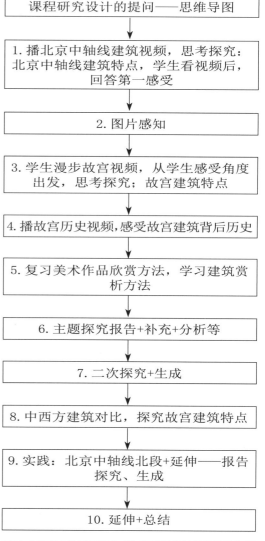

图二 《北京中轴线建筑艺术》研学课程教学设计流程图

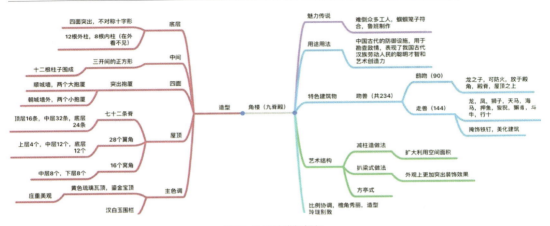

图三 角楼的讲解提纲

动的实质是学生发现问题、自主探索、解决问题的过程（图二）。

（三）研学后教学设计

该研学课程在学生已参与过的"北京中轴线建筑艺术"实践活动的基础上，首先通过北京中轴线建筑对称的视频为导入，在学生观看视频的过程中，引导学生体会我国古代建筑对称的特点，激发学生的学习兴趣。其次，通过引导学生回忆研学实践活动的学习细节，学习新知：建筑欣赏法。接着，引导学生运用新知，通过主题探究的方式探索故宫建筑的特点，教师依据建筑欣赏法的四个方面总结故宫建筑的特点。教师抛出对比探究这一方法引导学生基于对故宫建筑特点的梳理，探索北京中轴线北段和延长线建筑的特点，学生按组别以探究报告的方式进而认知北京中轴线建筑艺术的特点。最后，在教师的总结下，学生全面认识"中正安和"与中国古建筑的关系。

从研学课程学习手册设计，到研学实践活动设计及研学后教学设计，是考验设计者的知识广度、美术史深度、跨学科整合能力的过程，因为研学设计的每个环节都要有据可依。对笔者而言，是将知识储备转化为建造研学细节的过程，是从学情出发，选用美术史资料，完善研学细节的过程。可以说，提升学生的艺术学科核心素养与跨学科整合能力，贯穿于研学课程设计的始终。

六、研学成果展示

学习手册的结构和内容强调符合学情，并根据学生的学习需求设计了多元化的实践任务，通过自我探究和合作探究，将培养学生的艺术学科核心素养、跨学科的整合能力、团队合作能力落到实处。比如"赞美表达"这一任务，是将美术和语文学科整合的实践体现，对于掌握美术欣赏方法，同时语文学科核心素养较有优势的学生可选择此类型任务；"拓展思考，综合能力"中则要求撰写讲解提纲的思维导图，适合观察能力强、逻辑思维强的学生。具体来说，角楼的讲解提纲生动反映了学生的数学抽象、数据分析的数学学科核心思维（图三）。南锣鼓巷主题组成员，除了关注胡同的基本背景、建筑风格外，还结合本组成员的喜好，深入挖掘了北京小吃的文化内涵，详尽表达了他们的感受，体现了学生较强的审美判断、文化理解的美术学科核心素养；而"造型表现"任务适合美术学科核心素养较强的学生，自主选择中轴线上的建筑，通过写生创作，强化对中轴线建筑特点的理解。

《北京中轴线建筑艺术》研学课程的开发，首先是基于对青少年成长发展规律、身心需求、认知需求的了解。其次，研究青少年的已学习领域和未知领域，结合学生的学习需求，量身定制研学课程的结构与内容。再者，研学内容本身，须符合青少年学习的国家课程标准。

习近平总书记提出"一个博物院就是一所大学校"。一条中轴线就是北京城的文化血脉。中小学生作为国家未来的希望和栋梁之才，更需要学习中轴线的文化内涵，深入了解中轴线的历史底蕴。《北京中轴线建筑艺术》研学课程的开发与实施旨在培养青少年学生的博大胸襟与家国情怀；同时，对延续中华民族的文化血脉，传承民族精神的文化自信，更是功在当代，利在千秋。

① 范周、孙巍：《擦亮北京中轴线"金名片"》，《人民日报（海外版）》，2020年6月2日第7版。

②③ 中华人民共和国教育部：《普通高中艺术课程标准》，人民教育出版社，2020年。

④ 中华人民共和国教育部：《义务教育美术课程标准》，北京师范大学出版社，2012年，第11页。

（作者单位：北京市大葆台西汉墓博物馆）

北京全力推进长城国家文化公园建设

程根源

习近平总书记指出，长城是中华民族的精神象征，具有特殊的历史文化价值。要本着对历史负责、对人民负责的态度，切实完善政策措施，加大工作力度，依法严格保护，更好发挥长城在传承和弘扬中华优秀传统文化中的独特作用。

近年来，在党中央、国务院坚强领导下，我市认真贯彻落实习近平总书记对长城保护和文物保护利用的重要指示精神，以习近平新时代中国特色社会主义思想指导全市长城保护工作，相继将长城作为遗产保护和文化带建设重要内容纳入北京城市总体规划和全国文化中心建设，统一规划，统一部署，目前正全力推进长城国家文化公园建设，逐步形成以遗产保护为核心、长城文化带保护利用为主题、长城国家文化公园建设为重点的北京长城保护新格局。

2017年9月，党中央、国务院批复的《北京城市总体规划（2016年—2035年）》提出，以更开阔的视角不断挖掘历史文化内涵，扩大保护对象，构建四个层次、两大重点区域、三条文化带、九个方面的历史文化名城保护体系。更加精心地保护好世界遗产，加强对长城的整体保护，严格落实世界遗产相关保护要求，依法严惩破坏遗产的行为。加强三条文化带整体保护利用，有计划推进重点长城段落维护修缮，加强未开放长城的管理。对长城保护范围及建设控制地带内的城乡建设实施严格监管。以优化生态环境、展示长城文化为重点发展相关文化产业，展现长城作为拱卫都城重要军事防御系统的历史文化及景观价值。做到在保护中发展，在发展中保护，让历史文化名城保护成果惠及更多民众。

2019年4月，我市公布《北京市长城文化带保护发展规划（2018年—2035年）》，作为《北京城市总体规划（2016年—2035年）》中"长城文化带"的专项规划，指出北京市长城文化带的建设是一项系统工程，其目的是保护长城遗产、优化生态环境、传承优秀文化、带动山区经济；在传达长城遗产价值的同时，促进北部山区资源整合；在彰显长城文化特质的同时，以文化为引领，充分发挥其对区域协调发展的推动作用，带动区域文化和社会发展。

2020年1月，我市印发的《北京市推进全国文化中心建设中长期规划（2019年—2035年）》进一步明确，建设好长城国家文化公园（北京段），打造国家级标志性工程。

一、北京长城保护概况

北京段长城，是中国有长城分布的15个省、自治区和直辖市中保存最完好、价值最突出、工程最复杂、文化最丰富的段落，在北京境内自东向西蜿蜒分布于平谷、密云、怀柔、延庆、昌平、门头沟6个区，长城墙体全长520.77公里。

·115·

长期以来，北京市委、市政府高度重视长城保护工作，不断探索长城修缮保护方式与长效机制。一是将长城文化带建设纳入全国文化中心建设统一部署，优化顶层设计。2017年8月，我市在蔡奇同志任组长的北京市推进全国文化中心建设领导小组下设立长城文化带建设组，专职推进全市长城文化带建设工作。随后，按照蔡奇同志部署，我市相继修改完善《北京市长城保护规划》、组织编制各重要点段长城保护规划、编制《北京市长城文化带五年行动计划》、连续三年制定并实施《长城文化带建设组年度重点任务清单》，为长城保护及长城文化带建设奠定了坚实基础。二是加大长城保护财政投入，做到应保尽保。2018年12月15日，蔡奇书记调研长城文化带工作时作出重要指示，要求北京市全力做好长城保护及抢险工作。自2000年至今，为有序推进长城本体抢险排险，全市共开展长城保护工程96项，北京市财政投入约4.7亿元。三是广泛发动群众，成立北京市长城保护员队伍。我市深入落实国家文物局《长城保护员管理办法》，按照区级统筹、镇（乡）级主体、村级落实的责任分工，在全区长城分布乡镇统一招聘长城保护员，进行全员培训、持证上岗，建立区、镇（乡）、村三级长城遗产保护管理体系。截至2019年年底，我市长城保护员队伍共476人，其中昌平区42人、平谷区48人、怀柔区131人、延庆区128人、密云区57人、门头沟区70人（兼职）。我市将继续完善长城保护员管理体系，努力实现北京长城重点点段全天巡查、一般点段定期巡查、出险点段快速处置、未开放长城科学管控，形成全覆盖、无盲区的长城遗产保护网络。

二、推进长城国家文化公园建设情况

2019年年底，中共中央办公厅、国务院办公厅印发了《长城、大运河、长征国家文化公园建设方案》（以下简称《建设方案》），明确了以习近平新时代中国特色社会主义思想为指导，全面贯彻党的十九大精神，以长城、大运河、长征沿线一系列主题明确、内涵清晰、影响突出的文物和文化资源为骨干，生动呈现中华文化的独特创造、价值理念和鲜明特色，积极拓展思路、创新方法、完善机制，探索新时代文化资源保护传承利用新路的指导思想，以及到2023年年底基本完成建设任务的目标。

我市高度重视长城国家文化公园建设工作，一致认为建设好长城国家文化公园（北京段）是深入贯彻落实习近平总书记关于保护好、发掘好、利用好文物和文化资源，让文物说话、让历史说话、让文化说话，推动中华优秀传统文化创造性转化、创新性发展、传承革命文化、发展先进文化等一系列重要指示精神的重要举措，是国家重大文化工程，是北京市文化建设工程中的重中之重。

一是全力推进规划编制工作。2019年年底，北京市推进全国文化中心建设领导小组在原有八个专项工作组的基础上增设了国家文化公园建设专项工作组，组织协调开展相关规划编制、项目执行等工作。

2020年2月以来，我市启动了《长城国家文化公园（北京段）建设保护规划》（以下简称《保护规划》）编制工作。在文化和旅游部等国家部委的关怀指导下，经征求我市相关部门和长城沿线六区意见，并提交北京市推进全国文化中心建设领导小组办公室审议，目前已就《保护规划》的大纲及重点项目达成一致，明确了我市长城国家文化公园建设工作整体性、综合性、内涵性、示范性、保护性、传承性、亲民性、融合性、数字化、协同性的基本要求。

二是同步推进重点建设项目。2020年5月，文化和旅游部确定全国共21个长城国家文化公园重点项目，我市箭扣长城修缮工程和中国长城博物馆改造提升共2个项目位列其中。

箭扣长城三期修缮工程是2020年北京长城文化带建设的重点工作任务，也是长城国家文化公园建设任务中的重要工作之一。新冠疫情发生后，市文物局克服困难积极推动复工复产，箭扣长城三期修缮工程于2020年4月17日顺利开工，此次修缮工程共包含敌台8座、墙体1094米，已于11月10日完成竣工验收。

箭扣长城是北京长城"惊、险、奇、特、绝"的典型代表，其中的鹰飞倒仰、天梯、将军守关等点段已经成为了北京长城的标志性景点。修缮工程始终秉持"最小干预"原则，以排除险情、疏通水道、保证结构安全为目的，坚持专家全程参与及先期考古介入机制，实行设计驻场制度，从实际出发，确保长城的真实性和完整性，保护和展示箭扣长城的雄伟风貌。箭扣长城修缮工程历经多年，其修缮理念和采用的方式方法多次得到国家文物局领导和专家的肯定。其中，二期修缮工程于2018年8月启动，由中国文物保护基金会、北京市怀柔区雁栖镇政府与腾讯基金会联合开展。2020年9月19日，为推进我市长城文化带和长城国家文化公园建设，经国家文物局同意，北京市委宣传部、北京市文物局、怀柔区委区政府协商同意在怀柔区雁栖镇西栅子村成立长城保护修复实践基地，成为了全国砖石长城修缮的示范点。

中国长城博物馆1994年9月建成并开馆，占地面积1.33万平方米、建筑面积0.51万平方米、展陈面积0.32万平方米，作为全国唯一的"国"字头长城主题博物馆，目前只属于国家三级博物馆，基本陈列已十余年未曾改陈，缺乏当代博物馆研究、教育、交流等主要功能，在软硬件升级、新技术应用、观众体验改善等方面已显落后，不能满足现代博物馆利用新技术展示的要求，无法将博大精深的长城文化全方位展示，更无法满足长城国家文化公园、全国文化中心和国际交往中心的建设要求。博物馆的展示内容需要完善和丰富，展示方式需要提升，研究成果亟待更新。2020年以来，市推进全国文化中心领导小组统筹协调，市文物局牵头，延庆区成立工作专班，市区相关部门共同参与，市委宣传部、市发改委等单位进行实地调研，对中国长城博物馆改造提升项目进行指导，按照国家一级博物馆建设标准进行改造提升和数字博物馆建设。目前已组织数次专家研讨，形成了初步工作思路，正深化细化项目方案。

此外，按照《建设方案》中"2023年年底基本完成建设任务，形成一批可复制推广成果经验，为全国推进国家文化公园建设创造良好条件"的任务要求，北京市还计划开展"园（区）、道、遗、品、神、家"六个方面的重点建设任务。

1."段"：八达岭长城展示段

完善全园预约门票制度；建立长城保护及游客监测系统；整合提升水关长城—青龙桥—八达岭关城—古长城旅游步道；提升关沟72景相关景点的认知度，形成长城开放示范段；建立开放区域内一体化资源展示设施、遗产解说标识系统。

2."道"：长城红色文化探访道

在长城抗战故事场景、展示内容连接、公共空间辨识度、标志标识视觉系统、线路连接等方面加强关联性、整体性；对部分展陈内容进行补充完善或重新布展；融入相互关联的数字展示方法；利用现有乡村道路加强标识串联；结合短途徒步体验、远途自行车等方式，形成长城抗战文化探访路线，讲好长城抗战及敌后斗争故事，突出长城精神的传达与传播。

3."遗"：八达岭传说公众记忆工程

深入发掘整理公众记忆，丰富八达岭传说内容，以线上线下形式出版；结合居庸路主题展示区的展示馆和研学基地融入非遗传承中心；将长城建造技艺融入八达岭传说；在各大节庆活动中推送八达岭传说故事的展演活动；结合"长城人家"民宿，培育村民讲述地方优秀传统故事。

4."品"：长城文化旅游精品活动+国际学生长城设计周

统筹谋划和整合现有各项活动，打造具有国际国内影响力的长城文化品牌——长城骑行、徒步的线上线下精品旅游活动；每年一度的长城设计周；支持国际长城马拉松等户外活动，举办国际长城徒步大赛。

5."神"：北京长城文化节

为传承与弘扬长城精神、伟大爱国主义精神、伟大抗战精神，更好地发挥长城在建设全国文化中心、建设社会主义文化强国、实现中华民族伟大复兴中的独特作用，在市推进全国文化中心建设领导小组办公室的坚强领导与协调统筹下，市委网信办、市文旅局、市文物局、冬奥组委文化活动部、延庆区人民政府、北京建筑大学等多家单位和长城沿线其他各区密切配合，成功举办了2020年北京长城文化节。这是我市首次举办全市层面的长城文化节。文化节从8月8日启动，到10月7日闭幕，时间跨度2个月，共推出4大板块20余项特色文化活动，涵盖学术交流、展览展示、文艺创作、公众参与等方面。8月8日的开幕式，现场虽然只有100多人，但通过视频直播等线上传播方式，实际观看的观众达到506万人次，取得了小现场、大传播的良性效应。"十一"期间，北京电视台《这里是北京》播出了《长城抢险》纪录片，最高收视率达到0.83，多平台播放量超过2000万，极大地增强了人民群众对长城的保护意识。

2020年北京长城文化节的成功举办，在阐释和弘扬长城文化价值、文物赋能经济社会发展、培育全社会积极参与文物保护工作的良好氛围等方面发挥了积极作用，在保护好、传承好、利用好长城这张中华文化金名片，增强人民文化自信，形成全国文化中心建设的社会共识，更好发挥长城在实现中华民族伟大复兴中的独特作用等方面取得了新进展。

自2020年开始，由北京市委宣传部统筹整合，每年组织北京长城文化节，把长城文化节活动成果转化为人民的获得感、幸福感。同时，线上线下结合，广泛推动长城文化进社区、进校园、进企业，以长城精神、长城文化为主题开展丰富多彩的文化体验活动。从学术研究、展览展示、影视作品、文化创作等多个方面打造北京长城文化节品牌，提升北京长城文化影响力，宣传弘扬长城文化精神。

6."家"："长城人家"联盟

开展北京市"长城人家"民宿挂牌活动。利用长城文化公园网站进行宣传和联动；动员高校学生和社会力量，为每一处挂牌民宿提供宣传照片，提炼长城的历史文化故事，帮助村民提高"长城人家"民宿的文化感知和知名度。

加上目前正在推进的箭扣长城修缮工程和中国长城博物馆改造提升项目，正逐步形成我市长城国家文化公园"址、馆、园（区）、道、遗、品、神、家"八方面建设任务内涵丰富、重点突出、各有特色的建设格局。

三、下一步工作计划

我市将按照《建设方案》要求，以首善标准编制《保护规划》并精心组织实施，确保在2023年年底全面完成建设任务，将长城国家文化公园（北京段）打造成中央改革部署真正落实到地方实践的典范，打造成习近平新时代中国特色社会主义思想在京华大地落地生根、在首都文博领域形成生动实践的有力见证，助力全国文化中心建设。

（作者单位：北京市文物局）

《北京文博文丛》2020年总目录

考古研究

2019年北京市文物研究所考古成果

中轴线专栏

博物馆研究

《北京文博文丛》征稿函

  《北京文博文丛》创刊于1995年，由北京市文物局主办、北京市文物局图书资料中心承办，为文博领域学术性出版物，设有"考古研究""北京史地""文物研究""博物馆研究""文献资料"等栏目，每年出版四辑。为繁荣北京市文博事业发展和促进文博界的学术交流，欢迎社会各界赐稿！

  稿件要求：

  1.文章选题可以涵盖北京及周边地区，亦可围绕北京文博重点业务工作和重点学术课题，如围绕中轴线遗产保护、北京老城整体保护和复兴、国家文化公园和大运河、长城、西山永定河三条文化带建设、文物保护利用示范区、中国文物艺术品交易中心、革命文物保护利用、博物馆之城建设、中国共产党成立100周年相关文史等方面撰写研究性文章，以及反映文物保护与研究、博物馆学、考古学、北京史地民俗、古籍文献等领域的新问题、新发现、新观点的论文。

  2.文章篇幅在5000~8000字为宜，做到主题明确、结构合理、论据可靠、逻辑清晰。

  3.文章注释为尾注，格式为"作者（编者、译者）+著作名称+出版单位+出版年份+页码"，按①②③依次标注。

  4.稿件所附图片尽量为JPEG格式，大小不少于3M，无水印，并附有图片说明。

  5.可将稿件电子版发送至：bjwb1995@126.com，也可邮寄纸质稿件至：北京市东城区府学胡同36号《北京文博文丛》编辑部（100007），联系电话：64071605。

  6.来稿请注明作者单位、联系方式及确切通信地址。所有稿件，请作者自留底稿，无论采用与否，恕不退还。

  注意事项：

  1.本刊已被《中国学术期刊网络出版总库》及CNKI系列数据库收录，凡《北京文博文丛》发表的文章，作者文章著作权使用费与稿酬由本刊一次性给付。

  2.请勿一稿多投，如果作者在投稿3个月后仍未收到编辑部处理意见，可以改投他刊，但须告知本刊编辑部。

  3.作者应保证对作品拥有合法的著作权。本刊不承担由于作者的著作权纠纷所带来的任何连带责任。

《北京文博文丛》编辑部